中国链系列丛书 01

中国区块链
开放定义

李天语　韩　玥　章　卫／主　编
蒋悦炜　孙　进／副主编

上海财经大学出版社

图书在版编目（CIP）数据

中国区块链开放定义 / 李天语等主编. -- 上海:上海财经大学出版社, 2019.7

（中国链系列丛书）

ISBN 978-7-5642-3316-7/F.3316

Ⅰ. ①中… Ⅱ. ①李… Ⅲ. ①电子商务—支付方式—研究—中国 Ⅳ. ①F713.361.3

中国版本图书馆CIP数据核字(2019)第141207号

中国区块链开放定义

编 著 者：李天语 韩 玥 章 卫 主编
责任编辑：朱静怡
封面设计：张克瑶
出版发行：上海财经大学出版社
地 址：上海市中山北一路369号（邮编200083）
网 址：http://www.sufep.com
电子邮箱：webmaster@sufep.com
经 销：全国新华书店
印刷装订：北京虎彩文化传播有限公司
开 本：787×1092 1/16
印 张：15.5
字 数：206千
版 次：2019年7月第1版
印 次：2019年7月第1次印刷
定 价：98.00元

总 序

中国链系列丛书是一套可以直接“继承”的区块链图书。也就是说，这套书不只是阅读、学习的，而是可以生成“私有财富”的。

这套书更像一组接口，包括“扩展现实”和“国家公链”两个套件。倘若从这样的角度看，后面洋洋洒洒的文字更像是“区块链脚本工具说明书”。

“扩展现实”接口的实例，代码调用名称是“冬日威胁”。这可以在百度上查到它的起源，其功能是用于创建一个有界且连续的区块链宇宙并在其中生成带有资产流动模型的商业事件。

而“国家公链”接口的实例，代码调用名称是“百城百链”，是一个基于全民所有制模式的城市新经济引擎实例。不论该实例能否最终变成事实，都不影响使本丛书的读者生成自己的数据资产流动价值，读者可以依据中国区块链的多中心化特点和“百城百链”提供的沙盒模型，仅仅利用一个互联网网站或者社交平台，就可以构建起一个区块链拓扑。更狂野的说法是，利用“百城百链”的模式，可以在扩展现实宇宙内随意建造具备大型经济实体的社会群落。

对于中国区块链的脚本头部描述（根定义）是：多中心化，自由基加密合伙模式，且允许以继承的方式重定义。这本质上是一个“有界的握手机制”，用于限定系统内所有的信息握手必须是“合伙”，而所有的其他信息，都将被封装在传统经济模型内必须通过构建某个中国链合法接口才能被系统内的商业行为调用。

对于“中国链的教育模式”，在本丛书内可以用颠覆来形容。首先，它不是形而上教学，而是属于商科教育范畴。其次，它不是理论学科教育（如经济学、哲学等），虽然很多文字用于构建“它的思想级的轮廓”，但目的不是割裂“思想”与“饭碗”，而是把“思想变成饭碗”。再次，书中内嵌了一个开放式结局的“剧本”，将互联网时代的多个成功的商业模型以 MCN（Multi-Channel Network）的落地方式，搭建于读者的“实践过程”中，简言之，就是读者在阅读的同时就将自己的理解利用本丛书提供的商业平台实现。最后，本丛书对“世界新经济发展趋势”给出“实现方法”，而不是纸上谈兵。这会是本丛书一个很有趣的特点：如果读者利用本书构建的世界经济新引擎取得了成功，那么，作者和读者将会被同时载入光辉的历史；反之，也会被写入历史，以胜利者的陪衬。不管怎样，后续的阅读都将是在书写历史，除非读者只是阅读并未发生实际行动。

更有趣的是，本丛书自带大型孵化器、资本、政策和实验室，通过获得中国链牌照的读者，将会有机会成为世界新经济系统的顶层掠食者。也许通过本丛书将获得学位、实验室资金、政府投资、资本关注，甚至二级市场推送、劳动力配给、数据资产交易服务等中国链商业根服务，但最终是否能以一个成功者自居，还要看你是不是真正的时代精英。

本丛书还有很多区块链级别的设定，例如，你可以继承本书全部的文字，然后署上自己的名字，发行特定版本的书籍，并在自己的领域内或区块链拓扑内销售你的思想和模式实例。因为本丛书自身就是一个智能合约，它会以合伙的方式与你握手并帮助你构建你想要的合法模型。即如本书中的“冬日威胁”接口实例，实际上可以帮助你形成类似漫威宇宙一样的区块链空间，同时获得认证并真的帮你实现。

这套有很多全新模型的丛书里还有很多惊喜蕴藏于文字，需要你自己去发现。

接下来是你的选择！

选择一　到此为止，合上书，回归你的生活轨迹。

选择二　继续阅读，也许会发生不确定的突变，具体的变化结果，暂时无法预测。

目录 Contents

绪论

解读第四世代

《中国区块链开放定义》，从书名看像是一本科普图书或者教材，有些“大师”或“分析家”也许会因为这把本书定义为“蹭热度的投机者”。这可以理解，毕竟本书诞生于“区块链和比特币刚刚肆虐过的地球”，人们还没有从炒币者释放的“蒙圈法术”中完全清醒。同时，在微信和今日头条成为大多数人信息来源的大背景下，人类的批判精神已经被放大到前所未有的级别。所以，对任何评价，尤其是负面评价，我们都能接受，并深表谢意。这并非自嘲和调侃，而是因为所有对本书乃至“区块链”言论的创作者和传播者均已成为“第四世代病毒的标靶和传播者”，同时也将成为第四世代病毒的测试窗口。

……

在未来的某个时间点，估计不会超过公元 2119 年，在某个地方，一节别开生面的“人类社会模式构建”课程正进行到关键的“实景展示”环节。老师从众多学生的“设计”中挑出了一个颇具代表性的设计，该设计名为“以技术构建普适性‘标靶’，塑造资本意识主导的社群形态”。

“事实印证，通过战争和极少数精英分子引导等方式形成的社会形态，稳定性很差”，老师一边准备展示“以技术构建普适性‘标靶’，塑造资本意识主导的社群形态”所需的设备，一边评价着之前的展示。“让我们来看一个更有趣的案例，虽然这个案例看上去有抄袭‘巴别塔’案例的嫌疑，但是其实现方式却是全新的。首先，它击破了人类很多社会属性的保护，如国家、语言、文化等，直接在自然人身上种植了一个‘标靶——对新技术的好奇’，而后利用这个标靶向人类释放引导性病毒，最终构建了一个……”老师的话语戛然而止，同时露出了一丝诡异的笑容。

“同学们，让我们来欣赏一个精彩的展示，它的第一部分是硬件标靶。”

各位读者，该你们登场了。不论年龄如何，此刻，大家都聚在同一个舞台上。

第一世代：硬件标靶

不知你是否注意到，计算机这个硬件，从其诞生到家家必备，只用了短短几十年的时间，其核心部件的技术突破，如“神话”一般。

这种突破，在 2019 年的今天依然没有停止，从 286 到 IPhone XS，以及可以预计 5G 到来后的可穿戴设备。地球上绝大多数人类已经无法想象没有“技术硬件”的生活，技术硬件就像“第六脏器”一样，长在了人类的身上。

你根本无暇思考“技术为什么会突飞猛进”，因为你已经完全沉浸在硬件的更新给你带来的占有欲和炫耀的快感中。

你和绝大多数人一样，被“硬件标靶”射中，并成为其“技术病毒的传播者”。

中关村成了传奇，一批批“新人物”伴随着硬件世代的来临，获得了全新的社会标签和财富。

按照正常的“经济学规律”，一件昂贵却买了就贬值的商品，一件用户明明知道硬件升级速度很快、买了就已经落后的商品，不会迅速铺满全球市场，甚至不可能形成稳定的市场规模。但是！智能电子设备却做到了，这是不是“上帝的 BUG”？不得而知，我们只知道，传统的一些学科知识在被硬件标靶射中的时候开始“崩塌”。

在这部电影中，你一开场就中毒了，没理由、没有任何铺垫，你就中毒了。这似乎是个“豆瓣评分不可能高于 2.0 分”的烂片，更可笑的是，后边的剧情将会以近乎无赖的方式继续上演。

第二世代：软件标靶

作为主演的你在被硬件标靶射中后，生活习惯发生了巨大的变化，因为你发现智能硬件设备的屏幕后是一个近乎随心所欲的世界。这是一种和电视屏幕所展示的画面完全不同的东西，你甚至可以通过“智能硬件设备”的那块屏幕去触摸“任何前所未有的想象”。

软件病毒通过屏幕，在你的身上安装了第二个标靶，并开始向你传送新的病毒。

人们开始幻想着过上“机器干活我歇着”的美好生活，数以万计的二进制代码被编写，铺天盖地的“解放人类劳动”的软件被创造。

也是在此时，投资人的行当在中关村蓬勃地发展，各大学争相开设计算机、软件开发的相关专业，一批批软件使用、开发的培训公司如雨后春笋般出现。人们的工作、生活、娱乐都与软件挂钩了。

你，以及世界上任何国家的人，都有了一种极为类似的行为：敲击键盘，点击鼠标，操控功能、游戏、视频等软件，并迅速地将这种行为认知成常态。

由于这种普遍性认知的形成，资本跨越很多障碍直接影响各类经济结构的发展，传统经济结构面临前所未有的“迷茫”，劳动力的定义被改变了，敲击键盘的人开始获得高收入。

如果说硬件成为“第六脏器”，那么，软件就是链接这个脏器和你身体的血管。你和“软件 + 硬件”融为了一体。

现在，请你走到镜子前，仔细看一看，那只拿着手机的手，正巧此时有一条微信使手感受到震动，你的第一反应会是什么？

在目前的剧情里，你所有的反应都是社会在进步、生活在变好，并没什么不正常。

是的，中毒并不会致死。可以负责任地告诉你，整部影片到目前可知的剧情节点，都没有任何生命危险。可是没有生命危险，就不会是恐怖片吗？

说的玄乎点，目前的结论是你被改装了，但是改装后的用途并不知道。目前可知的只是：全球资本通过被改装的你和数亿类似被改装的人类实现一种新的运转模式，全球的产业都在“向改装后的人类生存方式靠拢”。这似乎预示着某种巨大的变革，但我们自身却对未来知之甚少。

被改装了，被加了“第六脏器”，有点科幻的味道了。但是，剧情依然很难让人提起兴趣，因为没有起伏，尤其是作为一个普通人的你。也许你已经开始怀疑自己根本不是什么“主演”，仅仅是群众演员吧，甚至是连露脸的镜头都被剪掉的群众演员。

但是请你注意，这不是一部两个小时的电影，而是一部长达数十年的“跨时空实景体验电影”，请你静静地等上十几分钟。不然，你可能会……

第三世代：网络标靶

如果现在叫你一声“网民”，你一定很坦然。那么，可以肯定目前没有人会把“网民”误解为是个“打鱼的”。

在完成了软件病毒对你的改装后，你又被植入了第三个标靶——互联网。新一代的病毒精准地找到你，对你完成了改装后的第一次升级——联网。

现在就可以解释，为什么我们称“硬件、软件、网络”是病毒，原因很简单，因为它们的入侵方式和入侵结果与病毒相似，尤其是入侵结果的不可知。即使到了现今，互联网完成“网民改造”之后，我们依然不知道这仅跨越了 30 年的突变性改造的真正目的是什么。

目前，我们仅能知道：这次改造的目标点是人类本身，每个人都平滑地接受了改造，并认为改造是合理的。这比起基因突变、异形入侵、外星人到来、孙悟空回归都要高明很多。那么，操控这次改造的群体是谁？真的是影片开始时的那个来自 2119 年的实验室吗？

好戏即将上演，主角——你，即将登场！

在你横空出世之前，先来理智地列举一下网络给你和你的世界带来的改变：

◇ 人类可以跨越国界链接在一起，并利用“第六脏器”传递信息。

◇ AI 进入倒计时。

◇ 大数据、云操作系统蓄势待发。

◇ 人们的生活起点都从网络开始，即思维模式被网络入侵。

◇ 所有行业已经联网，甚至开始寻找与网络的融合点。

◇ 发达国家的战略部署已经融入网络元素，甚至经济发展的重大战略以网络为基础。

◇“技术 + 网络”成为固化的研发模型，大量资本已经堆砌。

◇ 世界格局并不像看上去那样稳固，每一秒钟都孕育着洗牌的契机。

第四世代：区块链

镜头回到 2119 年的“人类社会模式构建”课程，并定格在一直面带微笑的老师脸上，这种特写意味着一定有某种突发事件发生。

> 老师的微笑在消失，一丝恐惧爬上他的脸庞，带动他的嘴角抽动了两下。因为他发现，2019 年后的标靶不见了，有人拿走了既定的发展目标，从而让正在展示的时空产生了一个无序发展的“空洞期”。
>
> 与此同时，他发现提交“以技术构建普适性‘标靶’，塑造资本意识主导的社群形态”的学生也不见了。

到你了，朋友！请将以上情景设定当作是真实的，本书会给出“关于你的答案”，甚至会给出被三个标靶改造后，你的终极目标是什么……

请重新审视本节的标题——第四世代：区块链。和“硬件、软件、网络”不同，这次的标题中没有“标靶”字样，证明区块链不是一个通过互联网传送的标靶，但它是不是病毒暂时还不能确定。

值得注意的是，在人类漫漫历史长河中，区块链不止一次地出现过，但都因为时机不成熟没有形成具像化的结果，最终只留下了一些带有残像的传说（如极乐世界）。

要想比较完整地了解区块链是什么，首先要从它的定义开始。

中国区块链开放式定义：多中心化，自由基加密合伙模式，且允许以继承的方式重定义。

这是中国给出的定义，把区块链定义在了“模式”上。

这个定义首先剥离了“技术”的束缚，也就是“剥离了互联网存在的必要性”。区块链可以不依赖芯片、操作系统、IPV4、云计算、TCP/IP 等技术独立发展。

你可以轻松一下了，至少在本书中，你不必学习这些晦涩的技术。

既然是“模式”，那一定是一种“形而上”的设计，区块链的第一个颠覆性的设计是多中心化！

多中心化，意味着“你”可以，且可实现为一个中心，哪怕是宇宙的中心。所有的资本、资源、技术、劳动力、生产资料均可以“你”为中心运转。

这是你在学习“中国区块链开放式”过程中需要始终贯彻的一个思想，如果没有这个思想，之前来自三个时代的“被改造”将毫无意义。

客观讲，区块链必须在人类完成前三个时代的改造后，才有可能成为一种模式。但是这并不意味着，前三个时代的改造就是为了实现区块链。你马上可以看到，2019 年各种“第四世代的技术”将轮番上演，AI、大数据、物联网等基于互联网产生的“第四标靶”将频繁出现。

为了让学习更有趣，你可以把未来出现的技术看成“2119 年那个实验并未结束，技术标靶将会以无序的形态出现”。

但是看了中国区块链开放式定义后，你又会发现：无须纠结于“互联网之后的技术标靶和病毒”，因为它们影响不了你成为一个“中心”！

接下来，你又将面临一个艰难的选择。

选择一　合上这本书，回到正常的轨迹，接受新的标靶和病毒的植入并接纳它们产生的结果。

选择二　开启一次危险之旅，全面了解真正的“第四世代”的真实面貌，并成为“第四世代”的“主角”，通过构建一个“宇宙”，寻找“被植入‘第六脏器’的真正原因”。

第一章

“吃掉”中本聪

回顾人类发展史，“书”一直处在一个比较怪异的“位置”。“书”是一种原始的互联网形态，人们通过读“书”获得“统一的观念和沟通模式”，从而形成阶级，甚至衍生出各类争斗。

不管怎样，到目前为止，还没有一本书是以一个普通人为中心。如果真有“一本以你为中心”的书，很可能是因为世界正发生着某种巨变。

而你现在正在看的这本书，很可能是第一本“以你为中心的书”，某种巨变将从你开始。别紧张，这并不是因为你是天选之人，你依然平凡得不能再平凡，普通得不能再普通，只是“世界的成长规则”发生了变化。

为了避免想入非非，我们先给“以你为中心的书”做一个定义——这是一本书写你未来的书。当看到这本书的最后一章，你就会发现，书里的一切通过你变成了现实，或者说，世界按你的想法发生了变化。

这可能会使你想到 RPG 游戏，那你想错了，RPG 游戏有固定的脚本，你不能改变规则，即便是植入外挂，你也仅仅是个“比较灵活的木偶”而已。

多说无益，我们这就开始。

2019 年后的“世界中心创造者”，请开始你的表演。

（下文将以第一人称“我”叙述）

一早，我被“区块链”这个名词吸引。这是个毫无文艺气息的新生名词，它晦涩且无从查找根源，也正是因为如此，我才会对它到底是什么产生浓厚的兴趣。虽然我深知，这很可能是社交平台或电商网站研发的新型点击率产品，但是我的基因让我无法拒绝，我迅速点开手机，输入“区块链”三个字，开始等待答案出现。

在我常用的搜索引擎上，我看到了关于“区块链”的一些内容。很庆幸，区块链并不是“点击率陷阱”，也不是互联网策划的“种草计划”，而是……而是两条平铺直叙的定义：

> **中本聪区块链定义**——去中心化，分布式加密记账技术。
> **中国链开放式模式定义**——多中心化，自由基加密合伙模式，且允许以继承的方式重定义。

中本聪？中国链？我由此对“中本聪”产生浓厚的兴趣。好奇害死猫，我开始贡献点击率了。

> **中本聪**——不确定是一个人，还是一个行动代号，其创造了一个超算小游戏，号称使用了不可更改的记账技术（区块链），并利用此技术发布了超算小游戏的奖品（比特币）。

而比特币，收割了全世界！

2018 年以前，比特币和区块链几乎是一个定义的两种称谓，比特币几乎家喻户晓，并且产生几近完整的产业链，包括电站、超算中心等重资产设施都被建立起来。民间矿机不计其数，互联网资本强势跟进，以虚拟货币为收割点的互联网产品大行其道。

从商业角度看，比特币和股票的定义十分类似。

股权成为资产，并可和法币挂钩，是资本模式蓬勃发展的象征。最初，为了兴建某个巨大的工程，一批策划者设计了一个类似于“众筹”的举措，并承诺出资人可长期利用出资凭证获得该项目的收益分成。

在这个计划诞生伊始，就有一批“货币玩家”设计了众筹的“暗星规则”：创造一个产业，让凭证持有者可以在某个可控的规则内，实现凭证和法币的兑换，并允许持证人给出交易价格。简单讲，就是把凭证商品化。这是后来的股权交易服务产业，通过该产业的服务，1 美元法币通过股权操作，瞬间变成 2 美元，变化过程中不以任何实际产品为载体。

货币的时间属性和流速属性被放大了上千倍，金融 + 股市，让人们享受到以货币为生活目标的欢悦，并为此付出自身的劳动，进而形成基于资本（货币）的劳动力市场，同时产品的数量、形态也开始前所未有地“疯长”，三大市场的概念出现，人们玩起以货币为中心的游戏，并为游戏付出自己的时间和能力。

将注意力转回比特币，现今的它就像一个被“裁切”的股权交易介质，这预示着比特币的全球攻击计划已经暂缓。最初的设计者，应该是希望其以摧枯拉朽之势，建立起“全球通用货币”，并利用该货币创造新的全球化经济秩序。

当然，比特币或者区块链的创造者，在实施这一轮“测试”之前，应该评估过一个力度参数，倘若达不到某种力度根本实施不了“度量衡统一的决策”。比特币利用互联网媒介实现了全球货币攻击测试，而且至今依然进行着。但是，“中本聪计划”可能已经进入尾声，AI 和大数据所需的参数样本应该已经足够，“第二代中本聪”将要诞生。

关于中本聪、比特币、区块链，我觉得我可能想得太远。像我这样的一个平凡小人物，并不排斥任何对世界人民幸福指数提升的计划以及由其产生的社会变革，但希望这些将要发生的变化只让人感到幸福而不是要经历起伏。例如，上网冲浪是件很愉快的事情，但是一想到 Apple、Facebook 收集了我的行为并把它们变成其“封神”的跳板，就愉快不起来了。其实，我曾幻想过自己成为商业顶层的设计者，也许真的换成了我……

> **中国区块链开放模式**——多中心化，自由基加密合伙模式，且允许以继承的方式重定义。

这个定义的语义结构和中本聪的类似，似乎并没有太大的差别。

目前，我从字面上看到的差别是：一个是 A 国人（或 J 国人）定义的，一个是中国人定义的，但都不是一个人定义的，而且二者完全不是同一个东西。我惊叹自己的分析能力，竟然能看出二者不是同一个东西，它们的交集似乎仅停留在“区块链”三个字上。

在云计算、大数据、AI 等名词还没有成为完整的学科也没有实现可大规模受益的当下，为什么还要出现一个“区块链”的词汇？难道是为了好玩或者为了维持网络热度？我仔细地看了看区块链的定义，断定它并不像是黑科技。倒是有人说“区块链是二代互联网”，着实让人生气：难道互联网连记账都不会吗？哈希算法记账就是二代互联网，这是在侮辱网民的智商。

我还是瞧出了一些端倪。A 国的区块链在互联网一直水土不服，很多国家花了很大力气想利用不可更改的记账技术形成某种可普遍收费的“互联网产品”，但都只是“金融花边服务”而已，即便很牵强地穿上区块链的外壳，似乎除了发币，在互联网上也根本无法形成任何有效的大规模商业模式。这种情况，多数人都能明白，发虚拟币根本用不着创造“区块链”，直接归成 P2P 的变种就可以。况且，区块链既不像 Android 可以用作底层收割机，也不像电商通过几个营销创造资本奇迹在市场收割数据和资本。

中国区块链更彻底，直接说自己和互联网商业模式无关！

我的结论是，区块链和互联网真的没关系。当今世界，能和互联网不相干的事情，要么很原始，要么很超前。我兴奋地以我口袋里所有的现金做赌注，押“区块链是一个全新的世界观”。

现在，我有些理解为什么云计算、大数据、AI 等词汇还没有被世人了解却又出现“区块链”。这类似小学语文的一道考题：

以下四个词语中，(　　　)与其他三个不是同类。

A. 大数据　　　　B. 云计算

C. 区块链　　　　D. 人工智能

我选 C！

因为：区块链里有互联网，区块链里有大数据、云计算，区块链里有人工智能，区块链是一个全新的世界构成规则。

我开始大胆地构想一个故事：

在一个世界里有A和B两个超级大国。

A通过近四十年的技术铺垫完成一项创世杰作——在人类身上安装“第六脏器”，并用互联网将人类链接在一起。现在，分布在世界任何角落的个体，都像一个硬盘中的存储单元：区块！是的，每个人都是一个可以接收指令的区块，像比特币这样的指令。

在比特币的指令测试完成后，A获得足够的样本反应数据和AI所需的算法参数。因此，在其他国家还忙于解读区块链如何场景化、如何融入互联网时，A正在酝酿2019年更大范围的区块链指令测试。此次参与测试的将不是类似“中本聪”的科研队伍，而是包括顶级通信企业、操作系统企业、数据库企业、云操作系统企业、硬件企业、大数据企业等的商业军团。中本聪关于区块链的定义将会被抛弃。新的定义可能是：独立单元化，自由基加密私有数据资产联合增值技术。

A的二代区块链集团军将携带任何国家都无法抗衡的技术、资本和政策，收割全球的高级大脑，进而形成一个全新的区块链商业构架。这一轮的测试重点是“人才整合”，并生成一个全球CPU！未来的每个人都会因自己的独立大脑运算能力不够，向该CPU请求协助，并向CPU提供其希望获得的回报；而CPU会通过超级AI生成“舒适指令”，让每个区块在感觉舒适的情况下依照指令形成习惯性行为。

A一直为人类的自由而工作。B和A的根本区别是：A寻求控制，B寻求多元文化共同发展。从B的历史发展轨迹来看，诸多外来民族与B文化融合，既吸纳B的文化优势又不泯灭自己的文化特色，形成和谐发展的社会。B的发展以文化传承为理念。

B在四十多年的技术攻击中选择接纳，在新经济重构战略中将“互联网+”列为重点，让所有产业拥抱互联网，鼓励全民研发除电商、点击率广告、游戏、互联网金融以外的新盈利模式。

但B对比特币的态度却十分坚决，坚持将比特币与区块链剥离，宣称虚拟币与区块链无关。

由于在互联网、计算机等领域不掌握主动权，B无法实现（或者说不想）将每一个拥有“第六脏器”的人类变成一个“温和的可控区块”。在B眼里，A的技术是漫漫历史长河中人类进化的一个闪光点，应该予以继承并善加利用。

但B的文化底蕴不是掌控，而是让每个人自由愉快地生活并创造和谐文明。所以，B在A之前发布了类似第二阶段的区块链定义，将通过国家体制的优势向所有人开放所有的公有资源，让每一个人都可以设计以自己为中心的“宇宙”，发展更适合人类生存的社群模式。

至此，我发现中本聪被“吃掉了”。客观地讲，它只是一个阶段性测试代码的注释词条，不小心和比特币一起流传，注定不能成为华彩。

现在，我再次考虑我的选择，是接受指令活着还是开创一个自由的空间。比较各种参数，似乎开创一个自由的空间更有意思，我从来没有在现实世界里玩过可以重来的游戏，也没有想象过可以创造一个超越漫威宇宙的世界，但是现在……真的可以试试了。

再见，中本聪！我可能会将你在我的宇宙中复活，并给你一个显赫的位置。

第二章

私有宇宙（一）

清风，烟雨，江南。

整整一个星期，我在江南小镇徘徊。我开始怀疑我被“区块链”附体了，一大批“思想级”的东西突然塞入我的脑子，让我踌躇满志又略显迷茫。

“阿诺多罗三藐三菩提”，我随手翻开一本《金刚经》，佛祖如来与须菩提的问答映入我脑海，一段绕口的梵语让我浮想联翩。

我突然想到了阿尔伯特·爱因斯坦、牛顿、霍金，他们一直在试图定义一个似乎可以看见的宇宙，尤其是引入时间参量使他们无限接近佛祖的思想。

3000年前，老子《道德经》里一句“道可道，非常道；名可名，非常名”，让后人似乎看到天人合一的通道，“玄”的诞生绝非偶然。

还有“哲”，一种专门触碰思想的行为，以其为根源诞生人类社会和认知（教育）的构建模式。

最后，中国区块链开放式定义：多中心化！如果这个“多中心化”的解读是以我为中心构建一个宇宙，那么在这个定义里“我”是谁？仿佛一下子，“我”被推到了“中心点”？

幸好有江南的美景，让我在一次一次的思考崩溃中苏醒，“天将降大任于斯人也，必先苦其心志，劳其筋骨，饿其体肤……”，在“喝下一大碗鸡汤”后，我开始了我艰苦的解读。

中国链宇宙设计思路

我简化并归纳神明们无法企及的伟大智慧，在他们的宇宙观里有几个惊人相似的共性：

◇ 宇宙有一个起点。

◇ 在起点之前，有一批没有被定义的东西（如“阿耨多罗三藐三菩提，即无上正等正觉”“道”）。

◇ 那批没有被定义的东西在一个起点创造了目前已知的宇宙。

◇ 人类需要找到一个解读起点之前“那批没有被定义的东西”的方法，才能达到操控已知宇宙的境界。

我突然开悟，这四点就是“我的小宇宙”的构建规则。我没有义务和能力追随先哲而引领人类进阶，我的任务只是构建一个让我过得更好的小宇宙。

第一步，制定一个起点！

创造宇宙要有仪感式，可以简单但一定要大气。于是我找来了一把斧子，庄重地对着面前的空气挥舞，并在斧柄上刻下：× 年 × 月 × 日，开天辟地于烂柯山下。

第二步，找一批“没有被定义的东西”。

我发现“找一批没有被定义的东西”是一个可以无穷诡辩的话题，但要把它变成任何现实或可以量化的接口，基本没有可能。薛定谔一定经历了和我一样的痛苦，才养了一只“在大学教程里付费观赏的猫”。为了我的宇宙，我挣扎了一整夜都无法摆脱那只猫，直到爱因斯坦来到我身旁。

爱老师习惯性地炫耀他的小提琴技巧，在听了我虚伪的赞赏后告诉我：任何事物都有无穷多个观察点，但蚂蚁观察世界和上帝观察世界只有两个不同，一个是观察点不同，另一个是观察者本不同，这就是相对论的哲学解释。之后，他又说了许多关于空间的连续但无边界、量子计算机和量子纠缠，等等。上了岁数的人就是唠叨，但我基本什么都没有听进去。

第二天醒来，回想起由爱老师主演的“南柯一梦 2018”，我突然茅塞顿开：

站在以我为中心的观察点上，看到的“我的宇宙”是一个荒芜的、没有任何定义的宇宙，而我生存的已知世界，就是我的宇宙的未知。

如果从上帝视角看我的一生，我想可以简化为下面的方程：

$$\text{一个平凡人的一生} = \int_{0\text{岁}}^{120\text{岁}} f(\text{客观世界，我})$$

请允许我活到 120 岁。我本想用秒作为微分点来设计，可事实上并不需要细致到时时刻刻每分每秒。

方程中的“客观世界”，可以用一个三维或更高维的矩阵来表示，但我想留到未来设计“私有宇宙微分方程”时再做细化。

方程中的“我”，是按照某种“数据参数模式”和“代码”创造出来的，可以看出，“我”的最初限定一定是“已知世界的一部分，且没有更改已知世界的权利”。这就是说，“我”不能利用已知世界创造一个同样的已知世界。薛定谔的猫，请你尊重我，不要嘲笑我！

试着做纵深一些的分析：“第六脏器系统”的缔造者应该更了解已知世界和未知世界的关系，并很可能获得了神秘组织的支持，利用硬件、软件、网络等标靶将我们带入一个未知世界。同时，这个“带入”过程肯定还没有完成，因为我们并不直接在其创造的未知世界创造价值。

那么，现在问题变得简单了，我的私有小宇宙的方程可能是如下形态：

$$\text{一个私有小宇宙的一生} = \int_0^{\infty} f(\text{私有宇宙}, \text{个体})$$

一个平凡人的一生和一个私有小宇宙的一生之间的数学模型，是一个基于“某个统一规则”的数据库和算法库的集合。一个实例是非关联性属性数据库（2018—2020）+ AI（2018—2020），在这里（2018—2020）是实例的商业有效期。预计 2020 年后，一定会有更高阶的算子取代 AI 和**大数据**。

至此，我完成了一个“开天辟地的仪式”，同时完成了私有小宇宙生成资源的定义，接下来我将作一次“模仿秀”。

第三步，玩一次宇宙大爆炸。

薛定谔的猫，你又在笑了。

我坚信，我们的宇宙有一个起点，同时是一个称为“宇宙大爆炸”

的“象形描绘词语”，它诉说了宇宙的起源。一个如此不严谨的词语就让所有人深信不疑，并且使听过这个词语的人都坚信自己掌握了宇宙诞生的所有细节，只是在脑海里呈现的景象有所区别：有的人看到的可能是炮仗爆炸，有的人看到的可能是原子弹爆炸，虽然都不对，但总比没有画面强得多。

我暂且也使用“宇宙大爆炸”这个词语来定义宇宙的起源，但有一个事实必须承认：这次爆炸不只诞生了我们所知的一个宇宙，还诞生了不同坍塌方向的无穷多个宇宙，我们仅是一个坍塌的实例。

这个结论在我创造的私有小宇宙中将被“继承”，至少在理论上继承。对于此定义的细节，在后文中有详细的论述。

目前，摆在我面前的有两个选择：

选择一 我的“宇宙大爆炸”有多个坍塌方向，产生多个宇宙方程。

选择二 我的“宇宙大爆炸”仅向一个方向坍塌，由一个宇宙方程诞生多个规则。

以我们人类的好奇心，肯定想把所有的都揽在怀里，但是我只是想更好、更自由地过日子，所以我选择仅向一个方向坍塌，尤其是在“国家体制”节点的选择上，我毫不犹豫地只选择一个。这不是信仰问题，而是“区块链商业智商”的体现。

在这次爆炸之后，我的小宇宙有了以下形态：

◇ 只有一个时空。

◇ 只有一套宇宙生成规则。

◇ 只有一个非连续点（永久奇点）用于导入第二步中描述的资源。

◇ 所有导入的资源携带“公有制属性”。

第四步，创世纪。

窗外的一切是那样美丽，以至于我陶醉得不能自拔。这就是“主观”的力量，当迷茫的时候，景色变得阴霾和昏暗；一旦舒畅起来，霏霏细雨和连绵乌云都成为可入画的素材，我在画中飞舞，似乎有了一对大神的翅膀，翱翔天际，忽而化成鲲鹏，忽而变身巨龙。

仅仅五分钟后，我跌落云端回归成人。我忏悔我所有的妄想、痴念和贪婪，重新拾起“中国链开放式定义”，老老实实地策划一个更合理的自我生存模式。

我必须从断章取义和盲人摸象中解脱出来，才能制作一个完整的区块链场景——私有宇宙，承上启下。

宇宙诞生后，在我们生活的坍塌方向上，各路创造者都给出了殊途同归的场景：

◇ 上帝创造亚当，用亚当分裂出夏娃。想到这，我就肋骨疼。然后，一个“宇宙大爆炸”——蛇让亚当和夏娃吃苹果，地球上就出现了能活一千岁的人类种群，到诺亚这一代，大洪水之后剩下的人只能活几十岁。

◇ 欧洲的黄金、白银、青铜种群出现过后，最终留下了泥捏的人类的先祖。寿命不长，并且愚笨。

◇ 中国有人首蛇身的女娲，史称西王母（氏族），会用泥捏长着两条腿的人，天漏了，西王母怕泥人化了采石补天，大洪水时代结束，泥人满街跑了，后来还长出了肉。

◇ 超级雅利安人属于“宇宙大家庭基因友好交流论坛——地球分论坛”的展品，展会设在两河流域及阿拉伯地区，展会结束没被带走，留在地球。现今社会基于商业和各类经济模型的繁荣，是“雅利安基因整体周期性活跃”的一个表现。

几乎所有人，都愿意相信以上至少有一个传说是真的。

不管别人怎么想，我的观点是“任何一个传说都是真实的”。并且，我无比深信的原因是信仰让我的生活充满乐趣，就如在人生低谷的时候，一想起我身体里留着伟大先祖的血，我就会获得活下去的动力。

就像现在。中国链开放式定义模式中提道：多中心化、自由基加密、合伙模式，并允许以继承的方式重定义，就激起我强大的共鸣，这是来自基因的共鸣。这四个宇宙构建参数，也是继承先祖的宇宙构建模式，它告诉我：孩子，你不用再造人了，直接用合伙模式创造一个**区块经济实例**就好了。

感谢先祖基因共鸣的指引，我的私有小宇宙以继承的方式直接获得了 60 亿的人口，我要利用**合伙模式**让他们在我的宇宙中活跃起来，并继承现在的经济模型来创造新的经济模型，进而形成一个“比先祖更有型的坍塌”。

第三章

中国链的公、私、公有

春夏交替中的成都，依然保持着其一贯的“蜀犬吠日”。我迎着忽大忽小的细雨，来到武侯祠附近的僻静小巷。巷子中部，有一个名叫“Orion”的茶社，那是我此次成都之行的目的地，一个极为重要的目的地。

越接近 Orion，我的心跳得越快，当推开那扇花梨木店门的时候，我几乎开始眩晕。

Orion 的内部空间，要比在外面看上去大很多。一个不起眼的小巷内竟然别有洞天。Orion 是一个三进的四合院，木质结构，仿古设计，主体框架及门窗使用小叶桢楠，在精心设计的灯光照射下，闪耀的金丝编织出一幅幅写意的山水画，随着客人视角的变化，展现出令人遐想的婆娑景象，使人仿佛置身于流动的画舫中。

快步穿过两进院落，在第三进院子的正房内，我看见了他。

孔明先生，复姓诸葛，名亮，三国时期的蜀国丞相。

此刻，他就坐在我对面，羽扇在手，轻摇之下，八面威风。

“你说，你创作的宇宙将要以现有世界已经坍塌的结果作为奇点，然后创造一个新的坍塌方向，并且新方向上的坍塌结果均会携带一个‘公有属性’？”，孔明先生的声音很有磁性。

“是的。”

“好，我受人之托告诉你一个宏观的设定模式。托付之人在青城山，你不必专程拜访，待缘分到了，你们自会相见。”

我尽力控制住兴奋，平复波澜起伏的情绪，暂时赶走求合影、发朋友圈的冲动，仔细聆听孔明先生的教诲。

“公”和“私”，在大多数人的思维定式中，是一个“矛盾统一体”。也有人认为，“公”和“私”是完全对立的，两者之间只有细若游丝的一条线相连，即“钱”。正是这种与文明发展相悖的认知，才出现“损公肥私”“假公济私”等愚昧的行为，这都是对“公”和“私”的错误解读。

如果从数学上给出一个“公”与“私”的模型，应是：

$$公=\int f(私)$$

私是**公**的一个微分。

这个方程中最重要的部分，是f( )，对应的实例是**国家机器！**是的，不是家庭、企业，而是国家机器。

很难想象，孔明先生居然也懂高等数学，而且对现代国家形态有如此独特的见解。接下来，他关于中国链的分析，更加让我惊诧不已。

当把**公**的实例定义成**国家**，则**私**也获得有边界定义，即**私**是一个国家内由**民**为主体发生的行为。

$$国家=\int f(民)$$

此时的f( )的实例是一个集合：{f法，f政}

一个完整的**国家机器**，均有**法治**和**政治**两个服务模块，法治负责管理国家，政治负责运营国家。

而**私**是一个属性矩阵，包括多个维度，和普通人相关的就是个体维度和社会维度，个体维度负责活着，社会维度负责体面地活着。

由以上元素组合成一个微分单元为：

***f*(民)={*f*法(个体维度，群体维度),*f*政(个体维度，群体维度)}**

这代表在一个时间段内全国发生的所有事情的总和。

根据以上定义，推导出区块链宇宙生成第一法则。

> **区块链宇宙生成第一法则**
>
> 所有的事情都是私事，遵从{f法，f政}的是好事，可以重复发生；不遵从{f法，f政}的是坏事，将会被杜绝甚至被制裁。任何一个国家公民都受到{f法，f政}的限制。

根据该法则，我的区块链宇宙有了“实体形态接口”，可以向其导入呈现其样貌的物质了。

我满怀欣喜地将我的结论告诉孔明先生，但是回应我的是无动于衷的表情。先生是在暗示我：还差得远！

孔明先生抛给我一个问题：在设定私有宇宙最初形态时，为什么要有一个“所有导入的资源携带公有属性”的设定？

我说，上帝创造地球的时候，为我们提供了一个赖以生存的环境，所有的生物都可以平等地使用，因而环境是“共有的”；如果以区块链的继承法则来推算，我的私有宇宙最初导入的资源也必须是“共有的”，而且是“无偿的”。

孔明先生叹了口气，用批判的话语，撕去我虚伪的外衣露出我愚昧且贪婪的本质。他痛恨我从“有偿和无偿”考虑模型，没有真正读懂**公有**的含义。

是的，从一开始我就把“共有”和**公有**混淆。

共有是一种状态，与模式无关，与国家机器无关。它不是 *f*（民），不能用来创造任何区块链宇宙。

而**公有**是一种行为，它在中国链宇宙（即所有中国区块链模式维度）中的定义是：

> **公有**——公的合伙模式，是 *f* 政的核心引擎。

国家是**公**的实例，本质是一个本身没有东西的**私**的容器，所有的资源和资产散落在“私的行为之中”，一旦“私的行为停止”国家即消亡。国家机器中的 *f* 政的目标是，为“私的行为”提供能源，让“私的行为变得更多，单一行为价值不断提升”。

目前，**公有**的主流实例有资本主义私有制和社会主义全民所有制两种。在一般人看来，这两个实例没有太大差别：都有股市、企业、公共设施，都收税，都有福利制度，法律也差不多，宏观经济参数类似。

那么，我该选择哪种实例作为我的区块链宇宙的奇点临界能量载体呢?

从经济学的角度进行浅析，进行一个假设：

***f*公有:{*f*资，*f*社}**

如果这个假定成立，我们的结论是：无论选择哪种实例作为*f*公有的中国链坍塌都可以。根据坍塌目标的可预见性选择参数，可以归为“运筹学”的范畴，我们将*f*公有作为一个参数直接放入中国链宇宙方程。

但这个假设本身正确吗?它真的可以带来“均衡坍塌”吗?

结论如你想象，这个假设是不对的。承认这个假设的前提是*f*资和*f*社具备相同的能量。虽然两者很类似，但类似和相同可是两回事!

*f*资和*f*社的核心差别在于参数“**区块链能量**”[1]。

当我的私有宇宙需要发展时，*f*资和*f*社在*f*法层面可以提供完全相同的区块链能量，但是在*f*政层面，*f*资的能量值是**矢量 0**。那么，结果将是：在已知的区块链坍塌方向上，*f*资无法直接给出能量，而*f*社可以给出**矢量 1** 的能量，即我的私有宇宙可以直接通过*f*社得到一个可预知坍塌的能量源。这种差别的根源在体制中有通俗的解释。

f 资的体制中，公有行为由私完成，国家机器是服务商不能主控公有。

*f*社的体制中，公有行为由国家机器直接完成，并提供后续服务，国家机器是公有的主控方。

结论用于我的私有小宇宙，可得出以下推论：

在我的一个私有小宇宙内的任何坍塌微分方程内，*f*资不能提供该国家的任何公有，*f*社可以输入的最大值为整个国家，即所有私的公有。

这就是说：如果我的私有小宇宙建立在*f*资的国家，初创时我是“公司”，制作了一个叫“区块链宇宙”的产品，未来幸运的话，会发

[1] “区块链能量”参数，在即将出版的《中国链数据资产及数据货币》中有完整的论述。

展成微软、谷歌、脸书、亚马孙等；如果我的私有小宇宙建立在*f*社的国家，初创时我是**区块**，创造了一种“新经济模式”，可以利用国家的所有*f*政，并继承国家的*f*法，生成一个“新的经济体”。

从客观上看，在*f*资，我的决策没有任何主控权，无法通过合法的手续（如中本聪描述的“智能合约”）调动国家的任何资源；在*f*社，我成为一个**中心点**、“宇宙基点”，后续坍塌的结果是我可以动用整个国家的力量参与公有，当然，我的私有小宇宙的经济能否和*f*社的经济并轨运行是我中心的能力问题。

从区块链宇宙经济参数的角度分析：

如果我的私有宇宙继承于*f*资，则我的宇宙的链接规则只能是法币及和法币相关的服务；如果我的宇宙继承于*f*社，则我的宇宙的链接规则是国家，即所有我的私有宇宙的公有均可以使用整个国家的能量。

孔明先生的教诲让我感到使命的存在。人类利用智慧创造社会、创造国家机器，除了让自己生存得更好外，更多的是让其他人也生存得更好，所以人类发展出了任何物种都比拟不了的协作社群。

人类创造货币，利用货币串接雄心和欲望，同时也在货币的枷锁中挣扎。在其文明模式中，由于货币的权重超出其赋能的阈值，人类开始创造更优质的赋能产品以钳制货币的负面效应。

而中国链正尝试着用伟大先哲的思想来实现更高级的社会模型，国家管理团队也一直遵循先哲的思想，砥砺前行。

我告别孔明先生，离开成都，前往青城山。我似乎看到先哲的身影，有强烈的预感：他在青城山等我。

第四章

国家公链

青城山上，我见到了一个人。他从天上落下，骑着大黑老虎，下落的方式违背所有物理定律。

赵公明，一个超级能打的神仙，在姜子牙的封神榜中扮演反派，超硬的反派，人物设定类似 Thanos。他有三个妹妹，也都是近乎无敌的角色，倘若四人联手，Avengers 必会被团灭。

整个青城山因赵公明的出现交通瘫痪。原因竟是他在青城山重启封神榜！

据说，都江堰市为了大力发展全域旅游新经济产业策划了现象级事件。孔明先生让我来青城山要找的先哲应该就是赵公明吧。我突然想起先生临别之际给我的三个锦囊（内存卡），到了青城山，该打开第一个了。

我远远地看着威风八面的赵公明和他的大黑老虎，默默盘算自己挤过数万人出现在赵大神仙面前的可能性，随后直接放弃了接近封神台的想法。

我到都江堰，找到僻静的茶社，依然是 Orion，虽不比成都的气派，但雅致得很。

我坐下来，端一杯竹叶青在手，茶香缭绕，思绪里薛涛若隐若现，惬意满怀。我打开“第六脏器”的附属品——轻薄的商务便携计算机，阅读先生的第一个锦囊。

当我选择了社会主义全民所有制作为私有宇宙公有的能量源，我必须创建一个能量管道，以便我的宇宙内的移民获得更舒适的生存环境。先生的第一份锦囊就是为我提供一个**中国链私有宇宙创建根服务模型**[1]。

中国政府的宏观智慧是创建任何一个私有宇宙的“万能钥匙”。根据自身的理解，从中国政府宏观智慧中找到一个合理的继承方法，就

[1] “中国链私有宇宙创建根服务模型”参数，在即将出版的《中国链根服务系统》中有详细的描述。

可定义一个标准的私有宇宙的实例。

首先，我必须承认一个**最大公链**——国家公链。

中国链的设定是每个国家是一个公链。公链的职能是向其区块链节点提供**根服务**。

该设定描述的数学公式为：

国家 = 公链

还可以扩展为：

企业 = 公链

社团 = 公链

我 = 公链

以上等式在数学是成立的，也可供研究者做学术性研究，但是在实用环节中，中国链的定义如下：

> **中国链**——每个国家是一个公链，且是该国内注册的任何一个区块链拓扑所链接的唯一公链。公链的职能是向其区块链节点提供根服务。

这个设定可以用一个**宏观商业效率模型**来诠释其先进性。

对于我这样的个体来讲，要想获取任何其他私有资源和私有商业行为，均需获得该私有系统的认可，所以创业这件事就变得“很难”，因为我要和很多“无序的要素”沟通，并花费大量的时间梳理“要素”和“创业”的关系，同时支付大量的“学习成本”。处于“在货币为基础链接的社会关系下”，我创业模型的定义是：

$$\text{货币} = \int f_1(\text{要素 } 1) + f_2(\text{要素 } 2) + \cdots + f_n(\text{要素 } n)$$

因此，决定我创业能否“成功”的决定因素是“有没有足够的钱”，而“成功”的标准也变得单一，即“我能赚到多少钱”，钱越多越成功。

在我看来，这是一个很“优质”的“创业模型”，在国家机器的约束下，任何人都可以尝试创业。

依据这个模型，我们做一个宏观推断：一个国家会因为创业者的增加，增加货币流动性，增多就业岗位，增大产品总量，从而使整个经济呈现增长趋势，如果该趋势保持在一个良好的边际率范畴内，就可以让一个国家的“活力”变得很强。

从微观层面看，多数人希望“有更好的模型出现”，这其中就包括我。因为该模型的宏观表现是由“少数很赚钱的结果”书写的，它导致一个金字塔场景的出现：塔尖的人很赚钱，比所有塔底的人加起来都赚钱；很多塔底的人在模型结果还没有大于 0 的时候，就因为货币供给的断裂停止创业，留下大量的社会问题，进而严重影响模型的效率。

该模型理想的改进方向是：将创业者的货币曲线尽快调整到第一象限，最好的情况是创业伊始（即原点）就出现在第一象限。这种调整是宏观的调整，与种子或天使投资不是一回事。

这样的调整只能由国家机器来运作，运作的方式是最大范围地提供公平的**创业原材料供给**[1]。

国家机器通过一个模式让一个个体可以使用所有的国家资源（包括劳动力、货币、国家机器、产品、自然资源等）去创业，国家作为所有私的股权代持方，从创业者的利润中分取合理的投资收益，即可将所有的创业者的创业方程曲线调整到原点而不是以负值开始。

以上创业修正模式，印证了第四章的论述。私有宇宙要选择能够代表所有私的公有模式——社会主义全民所有制的国家机器，作为能量源的原因，是这可以让你“不花钱创业”，更重要的是可以不花钱就拥有一个国家的资源。

---

[1] “创业原材料供给”属性，在即将出版的《中国链数据资产及数据货币》中有详细的论述。

回到中国链国家公链的设定：每个国家是一个公链，且是该国内注册的任何一个区块链拓扑所链接的唯一公链。公链的职能是向其区块链节点提供根服务。

注意“根服务”参数，正是这个参数让你体会到“指点江山”的快意。

经过以上分析，**区块链创业**和**企业创业**的关系已经明朗了。

企业创业是一个个体行为，所有的私事都要企业主负责解决，企业越做越大，从单一业务做到综合业务，于是出现集团，集团做大就会扩大覆盖范围，此时钱不够用，于是出现融资，融资多就想直接投资其他创业者收取创业红利，然而投资有风险，需要有控制风险的举措，需要出台法规、政策，使得企业越来越像“资本主义私有制国家”，超级企业和资本主义国家机器之间由此出现暧昧关系或者索性联手。

区块链创业是一个群体行为，通过国家机器的疏导，以某个个体为中心，全民参与创业，越做区块链，拓扑越大，连接的人也越多，思想就越多，服务和产品就越多，钱的流转速率就越快，单位时间流过我的荷包的货币总量就越大，我的消费就逐渐增加。我变得很灵活，可以通过创意获得尊重，还不需要承担丝毫压力。

以上的对比，并不是要说明区块链模式优于大企业模式，而是要说明区块链可以更简单地生成大企业、可以让更多人创造大企业，这就是为什么我们只需要一个国家公链就够了的原因。任何一个现有的大企业，都不可能拥有大过国家的胸怀，这和一个国家只需要一个政府相同，中国链只需要一个最好的服务平台。企业趋利性决定他无法上升到国家的高度。

经过以上分析，区块链创业方程可以写为：

$$\text{货币}=\int f\,\text{国}(\text{国})+f\,\text{我}(\text{我})$$

在这个方程中，f国（国）用来保障不赔钱，f我（我）用来保障赚钱。

在中国链创业结构中，大我和国家所负的责任是相同的。我找到一组宏观政策制作一个**我的国家公链接口**，并将其链接成我的区块链宇宙的政策。

国家公链第〇环：新经济底层技术

中国正推行新经济战略，各行政单位、产业主管部委均在建立独立的新经济引擎，具体新经济的实例和场景正浮出水面，用于新经济产业构建的技术包括大数据、人工智能、云操作系统、根服务器等。

国家公链第一环：人力资源链接策略

【技术环 + 双创】

我的私有宇宙人力资源布局由此开始，将以此设计宇宙内的生产力模型。它造就一种全新的工作形态，目的是让每一个“生产力单元”都拥有“全部生产资料的使用权”，由此而形成的生产关系将带来前所未有的创造力。预计 2018—2023 年，这种新的生产关系会遍布整个经济体。

国家公链第二环：产品衍生链

【技术环 + 工匠精神 + 制造业复兴 + 双创】

应特别注意该链各参数的顺序，双创在最后，把工匠、实体产品企业加入“中国链分配关系中”，目的是完成降成本、去产能、去杠杆，同时砍掉多余的“中间环节”，让工匠、制造业企业、双创人员连接成利益分配核心。

该链完成了“去资本主导生产关系”的功能，把生产关系调到“共产”。

国家公链第三环：基础产业衍生链

【二级环 + 益农（农民）】

民以食为天，在任何时代都不会改变，在整个宏观经济升级的构架中，农业将扮演极为重要的角色。三级环将围绕“脱贫”设计我的私有宇宙的基础产业。我称它为“脱贫产业”，在我的宇宙中国家公链的第三环提供了一个产业势能，包括大批的劳动力、产品和宏观政策。

贫困的定义——资源流通势能。

当社会主义全民所有制国家机器的*f*政侦测器侦测到整个社会结构中**贫困**的整体社会贡献总和已经降低到“一个合理阈值以下”，并开始影响整个国家的既定战略发展，国家的管理团队就会启动治理预案，迅速地利用**体制优势**，形成资源势能，利用*f*政的执行力，完成**资源势能**向**贫困**流动的“动能转化”。这个转化过程就是不断地出台各种政策，最终将**贫困**的整体社会贡献总和拉回可控阈值，甚至使其成为更有效的社会经济单元。

国家层面释放了一个明显的产业信号——将此次“可流通的资源势能”统称为**益农产业**，并提供开放劳动力、产品、资金等资源。中国链私有宇宙的构建模式恰好与益农的战略相吻合，在后续的实力场景中，所有的私有宇宙数据产品均会发源于这组资源势能。

益农产业为私有宇宙的运转提供了最原始的能量。

国家公链第四环：货币资源流动引导

【三级环 + 绿水青山就是金山银山】

该政策的中国链方程为：

绿水青山 = 金山银山

绿水青山就是金山银山在中国链私有宇宙中的产业（商业）定义——任何一个消费单元均可以通过购买（投资）绿水青山的方式，生成一个以自己为核心的区块链节点并获得收益，同时获得新型的生产关系、稀缺的产品以及完整的区块链资源。

该链是可以通过不使用、不破坏、不消耗绿水青山的同时将绿水青山作为产业化的通道和引擎。

国家公链第五环：数据城市群经济模式

【四级环 + 供给侧改革 + 全域旅游】

前四个环节所创造的是一个势能，但整体并未运转起来，它需要一个外力来“推”一下。在我看来，国家层面的全域旅游就是新经济的一个试验田，同时也是中国链私有宇宙启动运转的“外力”。

> **全域旅游在中国链中的产业（商业）定义**——任何一个商业单元，包括城市、企业、开发团组及个人，均可通过生成一个以自己为中心的中国链方式获取足够的资源，用以研发制作带有吃、住、行、游、购、娱等消费内容的产品（景区），并通过该链获得收益。同时，还将获得其他链使用该链所产生的中国链协议性收益，包括底层资本链带来的金融和投资收益。

供给侧改革在私有宇宙中的应用实例将是中国链信用凭证，只有达到中国链信用阈值的人才被允许进入私有宇宙，通过购买绿水青山的方式获得数据资产，被允许开发可在中国链拓扑内流通的产品并在系统内流通。它将随时解裂那些破坏规则的人群，让他们失去链接的能力。

这一环，之所以称为数据城市群经济模式，是因为截至此环，我的私有宇宙中形成了数据城市的雏形，有了劳动力、生产关系、产品开发者、基础产业和运转动力，可以将其安装在任何一座现有的城市或乡镇，由于不受行政区划物理边界的影响，理论上可以发展出多个类似“城市群”的经济实体，我称之为**数据城市群**。

国家公链第六环：全球多元协作发展

【五级衍生链＋命运共同体】

中国宏观智慧创造的“命运共同体”的理念，在我看来，是目前最合理的全球化模式。除此之外，“命运共同体”还是一个非常合理的全球人民联合生产模式。

“命运共同体”的实施是一项需要不断迭代升级的大型工程，之前提到的“益农扶贫”就是在测试“为不同能力的人，提供必要的可控差别的物资分配的方式”。中国链实现要这个设定，并且要在全球实现。

看完锦囊，我站起身来，面朝北方，恭敬而郑重地叩首。我用古老的、最高级别的叩拜仪式表达了我对孔明先生的敬意。

这个锦囊给出的“国家公链”，让我的私有宇宙从烂柯山下的破斧子随便一挥变成如今的触手可及。我深深吸了一口气，做了一个决定：我要创建一个中国链宇宙。

赵公明和他的大黑老虎突然又闪现在我的脑海。我决定去探究这个大神重启封神榜的原因。

我站起身，不经意间扫到我的茶碗，那是一只龙泉青瓷的斗笠碗，碗底刻着一组数字：2118。

第五章

供给侧设计

我的中国链私有宇宙在孔明先生锦囊的帮助下，获得了“引爆奇点”的能量。我突然萌发了一些奇怪的思想，头脑进入一种无序的亢奋状态，在过度兴奋和极度失望两个极端的情绪点上飞速折返，最终我虚脱了。我只是个凡人，不具备任何创造能力，创造私有宇宙有点勉为其难。

我以为自己的档次是斯坦李的级别，以为自己能够在弹指一挥间创造一个漫威宇宙，但是十分钟之后，我成了斯坦李的粉丝，并且断定我此生无任何可能造就一个漫威宇宙。

我把自己降为一个普通商人时，我感觉我似乎有点希望了。

区块链商业模型

简单分析商人的思路：成功的商人善于计算成本，赔钱的都是先看到了利润。

商品 = 产品 + 利润

产品 = f（原材料）+ f（成本）

如果以国家公链为一个商业的思考起始点，我发现商业的维度会发生变化，同时有了新的定义。

在中国链私有宇宙中，商业的目的是：增加有效的**区块**节点和**链合约**，进而生成更大的区块链拓扑。

由此可以推导出：

◇ 中国链宇宙的盈利维度扩展到了单一产品以外的时空，同时交易不再是一个商业单元最终的盈利点。

◇ 中国链的一个商业流程中，产品生产维度被无限扩展，任何一个产品均可以“立即成为下一个产品的原材料”。

◇ 中国链的一个商业流程可以衍生出无限的商业分支，任何一个商业分支均可以立即成为一个商业中心点，进而生成一个**多中心的商**

业网。简单来说，就是任何一个区块链商业均没有时间参数，只存在空间属性，一旦生成就会通过**链规则**渗透整个宇宙，并开始贡献全网盈利能力。

从我自身的角度看，无须理解任何中国链的运行原理，仅需要贡献我的产品即可。我发现，在中国链私有宇宙中，“赚钱”变成了AI和大数据的任务，而我成了一只“自由飞翔的鸟”，没有“钱的束缚”。我只要不断地向整个宇宙中的区块链网络提供自己的“产品”，就会源源不断地获得“满足我欲望的资源”，生活从此变得丰富多彩。

那么，中国链私有宇宙内的商业就是一种**共产商业模式**：每个节点所要做的事情，就是依据一个现有的区块链产品，叠加一个自己的劳动力，使其生成一个新的可共产的节点，并利用某种规则，将其发布至私有宇宙的拓扑中。

所有的**劳动力**被认可的评判标准仅仅是产品是否被用户购买或被其他节点作为原材料进行开发。即一个合法区块链内的劳动力的账户余额大于私有宇宙设定的合法阈值。

基于中国链商业模型，我对我的中国链私有宇宙给出了一个法规设定：

> **中国链商业法规一**
> 中国链内，每一个商业行为的发起点，不能是消费只能是生产。

例如，一个人在加入区块链宇宙的时候是没有任何购买能力的，无论有多少法币都不能直接购买私有宇宙内的产品，必须先锁定一组原材料生成自己在中国链私有宇宙内的数据资产，并将其加工成可以在私有宇宙内交易的商品或可以被其他节点链接的**数据资产原材料**，才能完成在该私有宇宙内的“诞生”行为。

如果你的产品或原材料一直不能交易或被其他节点链接，那么，你将一直是“没有被孵化的蛋”，虽万年不死，但也无法在宇宙中实现任何梦想。

这个规则的目的，并不是将所有人拉回同一“贫富基准线”。没有这种必要，贫富差距在中国链私有宇宙内依然存在，而且也非常明显。

制定这个规则的目的是：“增加贫富定义的数据属性”，将其从仅用货币量的多少来判断贫富，升级为按链接的数量和效率来判断贫富。

我想未来会专门有一个区块链节点根服务器，提供一个算法，给出一个和法币挂钩的区块链财富单元，即

区块链财富单元 = n 数据法币

数据法币[1]中，除了记录法币价值外，还详细记录了该价值产生的过程。

区块链财富单元将会提供一个更加人性化的“贫穷和富有的判断标准”。中国链私有宇宙的“价值观”，不是消灭贫穷而是消灭无知。

在我的中国链私有宇宙中，合法阈值设定为 1 个区块链财富单元，即我的“区块链财富单元 = 1 元人民币”。

只要你创造了一个微小的价值流动，我便让你在我的宇宙内诞生。

从“0”到“1”的升华

千万不要以为拥有了 1 个中国链财富单元是一件不起眼的事情。因为这一个数据法币链接了整个国家公链！

当拥有了数据法币，就代表着我获得了国家公链，尤其是中国的国家公链，代表了我可以获得公认的最好资源去创造我的梦想，国家公链成了我的合伙人。

我从孔明先生的锦囊中领悟到，获得国家公链的合伙和在 Apple 的 App Store 中注册出售完全不是一个概念。其核心差别是，我的 APP 和 Apple 没有任何关系，我不能使用它的任何品牌和资源，不能代表

[1] “数据法币”属性，在即将出版的《中国链数据资产及数据货币》中有详细的论述。

它和任何人合作，它只属于史蒂夫·乔布斯。没有人会因为我在App Store中出售了一个产品，就认为我和Apple是合伙人，可以和我谈一个超大的生意。

但是在中国链里，我可以代表国家公链洽谈几乎无上限的买卖，因为我可以使用国家公链的资源，可以利用中国链的拓扑和合伙模式获得近乎无尽的劳动力、资源、资产，在任何一个对手面前我的资源都是碾压性的。

“第六脏器”出现的初衷，也许和中国链相仿，想通过向每一个人提供公平的技术，让其贡献创造力，并利用互联网形成近乎无尽的、全新的商业业态。但是，最终仅仅是创造了几个寡头而已，原因很明显，技术和资源不是一回事。没有国家公链的资源势能，无法让一个卑微的自然个体承受来自强者的侵害。那种称作“竞争”的侵害、弱肉强食的商道，只能造就寡头，并接受来自失败者的膜拜。

中国链的供给侧理念

中国链的国家公链为每个人提供了一个无竞争的大资源包，任何中国链私有宇宙内的节点，都可以代表国家公链。

> **中国链商业法规二**
>
> 中国链内，任何一个商业行为都是计划前导性行为。

这个规则，意味着任何一个商业行为都有一个明确的“结果性标靶”才会启动其生成流程。任何一个无目的的商业行为不会在中国链拓扑内发生。

这个设定，是将中国链经济底层结构锁定在**供给端主导**，而任何消费端主导的商业行为将不会进入“中国链经济架构”。

这个设定同时也表明，只有一部分人能够拥有现实世界和中国链宇宙两个生存状态。中国链不是大锅饭，不是乌托邦，而是一种高维经济形态。

互联网催生的一大批“新鲜的高薪劳动力”，在中国链里并不适用。相反，他们更多的是供给侧端可以忽略的对象，也就是说，依靠编写代码、制造流量、MCN 等的主流互联网业态，在中国链里不再有用。这让我突感悲凉，平复心绪中渐渐理解宏观智慧提出供给侧改革战略的原因。

互联网和中国链在某个层面讲是一种“序列”上的矛盾。

互联网鼓励以大量无序生成有序，因为无序样本量很大，理论上可以利用某些算法、政策甚至资本需求将其生成大量的有序。但是理论归理论，从目前来看，互联网仅生成了点击率广告、游戏、电子商务、互联网金融四个可持续延伸的有序，同时其生成的有序接口非常窄，其他产业必须遵从其规则才能搭载有序生成独立的新产业业态，因而这是个成本极高的商业模型，而且其无序给 {*f*法，*f*政} 带来巨大的序列化成本。

中国链鼓励在可控边界内创造有序。中国链的工作单元是私有宇宙，其初始能量来自国家公链，并继承了 {*f*法，*f*政}，这些设定让中国链私有宇宙不能以无序的方式来测试能否产生有序，因为一个私有宇宙内的样本数量不足以达到无序模式启动的阈值，也就是每个私有宇宙中的移民理论上不会大于一个物理县辖区内的居民总量，私有宇宙必须通过国家公链的根服务器提供的有序链服务与其他宇宙及区块链拓扑产生交集。因此，一个私有宇宙生成的商业内容是受限于国家公链决策的，当国家公链将国控开关设置为有序的时候，任何中国链私有宇宙均不能产生无序的商业行为。

我们暂且不论述“跟着无序创业好，还是跟着有序创业好？”的话题。我的私有宇宙肯定选择跟着有序去创业，遵从国家公链的**国控开关**[1] 设定，这是因为，我现在就可以加入东台（县城）所开放的中国

[1] “国控开关”参数，在后续章节中有展开性论述。

链国家公链平台，和政府在平台上对话，使用它的所有资源去创业。

中国推行的供给侧改革，是让创业者从有序思考发展的一种模式，互联网技术在这种有序的设定下成了纯技术，也正是因为供给侧改革的出现，加速了互联网产业沦为“传统产业”的速率，互联网不再是创业者的温床。与国家合伙，在有序中创造更多的有序结果，已成为新时代创业者的成功基石。

供给侧有序设计原理

中国链商业法规三

中国链内，不能直接出售一个“被锁定的有序”，必须创造一个新的有序来解锁。

所谓“被锁定的有序”，通过以下例子来阐述。

例如，当我想创业的时候，会先向国家公链锁定一组资产（1 000 斤小龙虾），并支付其成本金额至国家公链接口，那么这组资产（1 000 斤小龙虾）成为我的私有宇宙中的一个“被锁定的有序”。

按照中国链商业法则三的设定，如果我想把小龙虾“卖掉”并获得收益，不能通过“直接加价出售”的方式，而是必须将其开发成另一种产品。例如，将其研发成某个电子竞技游戏的道具，将其放入中国链拓扑内，等待其他节点给出“有序验证”。只有获得有序验证的产品，才能解开 1 000 斤小龙虾的有序锁，我和国家公链以及其他合伙节点才能分取这 1 000 斤小龙虾所产生的新有序所带来的利润。

在没有产生任何有结果的有序前，这 1 000 斤小龙虾仅仅是国家公链的一个养殖计划，我的游戏道具也仅仅是个商业计划，用户或区块链节点最终购买的是一组生产计划，所有的货币流动均可在发生无序的时候恢复到某个已经有序的节点上，任何环节都不会“赔”的情况下这 1 000 斤小龙虾才会被吃掉，同时至少要产生 2 倍以上无序情况下的可分配收入。

在这个供给侧的有序设计中，小龙虾原有的经营环节消失了，其所占有的利润将归还给国家公链并释放给创业者，这预示着中间商的消亡。

宏观智慧的**供给侧改革**在中国链的实例中，体现了“去中间环节”和将“互联网底层化”，产生了降成本和去无序两个结果，大大提高有序研发者的收益。因此，供给侧改革是宏观经济调控的一把利器，我的私有宇宙既然与国家公链对接，也必将享受其带来的巨大利好。

以上中国链供给侧商业案例中，虾农、地方政府、有序开发者是利益分配者，广告商、中间商、营销方等无序产品企业将会受到巨大冲击。这和互联网的冲击对象完全不同，有意思的是，中国链供给侧商业模型可能首先会冲击互联网电商，因为它就是变种的中间环节。

供给侧改革的深远意义，并不仅限于此。目前其所展现出的能量，已经让我深感温暖。

我淡定了，不急于当网红，不急于开网店，不急于混社群。在供给侧改革的春风下，我沉下心来，体验安静所带来的舒适。

我的中国链私有宇宙越来越清晰了。我站在中国地图前面，用铅笔圈了一个点，兴奋地走出房间。我伸了伸懒腰，我要去一个叫作农门镇的地方，去享受纯手工的豆皮对味蕾的按摩。

第六章

做模式不能做技术

西安，大唐都城。

我对它的第一印象是……手指头疼。因为我为了吃一碗正宗的羊肉泡馍，花了四十分钟，亲手把两个超硬的馍掰成了符合标准的碎块儿。

美食入肚后，我的心情好很多，也许是因为那一大碗泡馍太好吃，也许是我看见一位僧人走进了对门的 Orion 茶社。莫非那僧人就是我此行西安的目标？我的心跳又不规律了，和僧人相见是我不曾想象的。

玄奘大师真的很优雅。他坐在一张降香黄檀的长案后，悠闲略带慵懒地看着我，慢慢端起一个耀州青瓷盖碗，轻移几下碗盖又将其轻轻放在几案上，发出的瓷器与木器的撞击声，在寂静的 Orion 茶社中，如醒神钟一般拉住了我心猿意马的思绪。

庭院中的雀儿知趣地歇在树梢，和我一样耐心地等待着。

大师微微笑了一下……

近百年的人类历史，可以写成一部非常博眼球的小说——《巴别塔外传》。这次修建巴别塔的人类在经历了上一次的失败后，在建塔的原材料上煞费苦心，直到他们发现了“商用技术”，才在资本的掩护下形成一座通天之塔。

人们可以通过技术翱翔于天际，甚至登上其他星球；可以制造大型工具用于建造比山峰还高的建筑；可以相隔万里隔空通信；可以制造毁灭星球的武器；甚至开始制造人类自己重启长生不老计划。

时至今日，“资本 + 技术”的寡头企业承载着全球经济向前飞奔。“代码即法律”登上了时代的舞台，在“第六脏器”完成普遍安装后，二进制成了人类通用的语言。

二进制代码无处不在，已经成为所有技术的“发端思维”。这个星球上的任何产业目前都可以大一统地称为“代码产业”。在代码完胜纸币后，下一个代码战场将在何方？

对于我来讲，看代码不断创造新奇的玩意、体验代码产品带来的愉悦，是一件非常惬意的事情。代码提升了幸福指数基准值，让我们真的体验到快乐。因而，我不排斥代码，不排斥“资本 + 技术”的寡头企业，甚至在努力地学习代码，目标就是成为寡头。

于是，我开始研究如何运用代码成为寡头的各种案例。IBM、Microsoft、甲骨文、Google、Apple、暴雪、Facebook、Twitter、金山、搜狐、盛大、巨人……把一个个超级巨星膜拜一遍之后，我又开始看各路成功学，恶补大量和“代码创业成寡头”相关的专业课程。我瞪着熬红的眼睛，感觉自己已经可以腾云驾雾，将成为呼风唤雨、备受瞩目的时代人物。最后的结果，我依然平凡如初，除了花费一大笔钱财外，没有任何变化。

我想，至少有数以百万计的人和我类似，在代码创业的路上重复了我的货币贡献，并且连结果都和我类似。

为什么我们不能成为寡头？是真的因为参数太多无法生成一个准确的模型？连一个“略带收敛的趋势模型”都不能生成吗？

假设全球有 1 000 万用户，每人为了成为“代码创业成功者”愿意支付 10 万美元的成本（包括高等教育成本和初始创业成本），只要一个略带收敛的 AI 模型即可满足他们的需求，那么，这个 AI 的收益可达 10 000 亿美元，而且还有非常漂亮的增长边际率曲线。为什么到现在都没有这样的产品出现呢？

我认为，这是一个值得仔细思考的事情。不是思考其市场有多大，也不是思考代码能否实现“可收敛的创业模型”，而是思考怎样给出一个合理的解释。

可是这一切，在听了玄奘大师的一番话后，突然发生了改变。大师没有用很复杂的设计就给出了答案。

代码创业成寡头中的参数并不复杂，只有三个：

代码

创业

成寡头

我和数百万有志青年之所以投身代码创业，是因为我们的思维模式是：

$$\text{成寡头}=\int f(\text{代码})$$

$$f(\text{代码})=\{\text{技术型产品 0，技术型产品 1，……}\}$$

不客气地讲，正是这个错误模式害了我一颗英雄的心。

不过这个模式的错误非常诡异，但又非常普遍：

寡头数量有限，且满了就无法增加！

这是无序商业模式的一个必然结果。也就是说，任何一个可以拥有寡头的环境中，寡头生成数量是个自然数，而且不会大于 100，一旦额满，无论怎样都不能成为寡头。同时，由于寡头的能力可以占据该环境中综合数据的 90% 以上，导致多数人只能膜拜不能替代或复制。

我终于明白，利用技术可以做很多事，但对于绝大多数人来讲，并不能直接创业。

这个结论在中国链私有宇宙中，会是怎样？

中国链私有宇宙不能用技术思维生成，但可以容纳任何技术创业，包括看似已经过时的技术。

这个结论要回到中国链和寡头关系的关键点：

◇ 每个中国链私有宇宙均可独立生成寡头

◇ 寡头更换速率在中国链内将会有大幅度提升

结论的结果肯定了普通人的常态思维，同时也承认，既然叫寡头，数量就不会太多。

$$\text{成寡头}=\int f(\text{代码})$$

$$f(\text{代码})=\{\text{技术型产品 0，技术型产品 1，……}\}$$

但是，中国链改变了寡头观察点！目前现有的寡头观察点是绝对的，而中国链的寡头观察点是相对于每一个中国链私有宇宙的。

这个观察点的改变大大提升了寡头的绝对数量，也就是提供给更多人成为寡头的空间和有序资源。

区块链寡头模式更先进的是，它限定了一个独立寡头的存在时间，也就是更改了寡头的某些权利属性的参数值。

在中国链中的寡头，有两个基础属性：

◇ 资源使用权利

◇ 收益

中国链将利用国家公链中的国控开关，限制寡头在一定的时间后失去资源的使用权利。是的，时间一到，哪怕是寡头还很健壮，也要放弃其资源使用权利，但其收益会一直保留。也就是寡头一直都很有钱，但是不能总是控制怎样花钱。

这些设定会将现有的经济体系扩展到无限维度，理论上每一个中国链私有宇宙均能复制出一个现有经济形态，并产生类似的 GDP。

更形象地讲，现在的经济系统是一个单进程的 CPU，一旦一个应用锁住了资源，另外的进程（线程）均无法使用该资源，所以出现**寡头成本问题**。人们一直认为技术可以提升效率，却一直也没有实质性突破，即使出现物联网、5G、AI，如果依然是单进程 CPU，那就仅仅是优化代码，技术优势并没有被用来解决核心问题。

由此看来，中国链是一个可以处理多线程的 CPU，同时是多核 CPU，国家机器通过国控开关可以制作一个多核 CPU 阵列（联盟链），安装多个多线程多核 CPU 来完成经济系统的升级。该阵列可以用一组根服务输出其效能，让每个线程（中国链私有宇宙）都能获得最高效且最大的国家公链资源。

由于智商限制，我的私有小宇宙目前还只能是一个“单进程 CPU”，或者说我现在仅需要按照国家公链的**有序分配方案**，生成一个单进程 CPU 就够用了。

这是一种模式设计或是一种高维拓扑，我因为遵从模式的有序继承规则，由一个代码无序创业的小人物变成了一个国家模块。接下来，我要向国家公链提交我的模式规划，也就是向 CPU 阵列提交我的进程锁表单。这需要我和一个国家公链接口进行链接，让我的私有宇宙的 CPU 运转起来。我需要设计模式脚本，让我的私有宇宙内出现寡头机遇，如在我的私有宇宙内如何做游戏产业、如何做农业、如何做房地产、如何做金融等。

中国链不是一个技术，而是一个模式。我重温了一下它的定义：多中心化，自由基加密合伙模式，且允许以继承的方式重定义，结合玄奘法师的智慧去理解允许以继承的方式重定义。

人类社会是螺旋式上升的，今天的一切并非完全优于历史，今天人类的智慧也没有完全超越先哲，任何一个带有引领性的决定都不能以一个封闭性的定义展现，尤其是不能为了获得寡头利益而有意地将其封闭，更有甚者，是将其纳入教育序列让我们的后代在质疑中挣扎。

以一个开放的模式，用海纳百川的智慧，呼唤先贤的协助，才能通达古今，与时俱进。

中国的《周易》《道德经》等“经书”允许任何一个人按照自己的思想编纂“纬书”，来展现不同的思想维度。经纬相连，传承智慧。

我的私人小宇宙中，我书写了一部《私有宇宙纬书》。

《七月会灵凤于长安》

ER 玄奘

一江孤剑化清风，

三山群雀填仙塚。

谁道漠北无烈酒，

笑尔不知鹤顶红。

携带着法师的墨宝离开了 Orion，出门拐了个弯，我就忍不住笑开了花儿。明天回北京找一下马先生，倘若有一幅玄奘真迹，下半辈子应该吃喝不愁了。

第七章

百城百链计划（一）

不知道“场景”什么时候成为商业模式的常用词汇。不过我觉得，这个词语很形象，比起“业态”“生态链”“上下游”等词语，它更直观也更能发挥想象力。

一个商业计划，可以用一个 Class 描述：

```
Class MyBusinessPlan
{
    Private myBusinessData  = new  MyBusinessData ( ) ;
    public Object getMyBusinessData_Para ( index ParaNumber )
    {
            依照索引值返回对象。
    }
}
```

如果我做一个中国链私有宇宙商业实例，会以我的 My Business Plan 作为父类生成更具象化的 Class。

```
Include NationPublicChain.china-chain
Class MyChinaChainUnivers Extend  MyBusinessPlan
{
}
```

以上代码，应该是多数人的思维流程。我从中看到了第一个设计点：

Include NationPublicChain.china-chain

这个设定，需要我先构建 NationPublicChain.china-chain 包。

国家公链需要私有宇宙来构建吗？不应该是由国家机器建设，我们去统一打包吗？我似乎遇上了不可逾越的高墙，开始怀疑中国链的整个模式，如果没有国家公链的存在，那么所有的都将是伪命题。

我突然想到了孔明先生给我的锦囊，现在我如此绝望，不如打开第二个锦囊。

如果你希望国家机器帮你完成国家公链的建设，那么，你并没有理解本书第三章所讲述的社会构成模式：

$$公=\int f(私)$$

锦囊的提示使我陷入沉思。国家机器，不是“公”，是$f(\ )$，代表某类私有行为的一种收敛，$f(\ )$给出收敛方向，“私”可以遵循该收敛方向完成自己的行为设计，最终形成一个“公”。

作为一个“私”的执行体，需要提供我的国家公链$f(\ )$方案，并在$\{f(法), f(政)\}$的框架内，测试其收敛结果，并通过某种迭代算法，形成达到收敛阈值的$f(私)$。

我混淆了两个属性的定义，即将**国家公链**和**国家资源**看成同样的东西，或者说，我把国家公链看成了某种国家资源。

我着手试着编写一个国家公链的$f(\ )$。

国家公链模型设计

首先，我需要一个国家公链的接口。

```
Include BaseData.china-chain ;
Class InterfaceOfNationPublicChain
{
        private City myCity  = new City ( ) ;
        public City getMyCity ( )
        {
                return myCity ;
        }
}
```

这个 Class 的默认体制是“社会主义公有制”，在该体制下任何一个市县的政府均是一个国家公链登录接口，不论在哪里登录均可以获得所有国家公链提供的资源。

但在资本主义私有制的体制下，City 这个类可能会换成 Company，需要通过一组有“发行相似凭证（TOKEN）”的企业来提供一个类似 City 的职能，其内容要复杂许多。

我查阅了各类新闻，发现上百个市县均开启了“新经济相关的产业规划”，如中卫、张家界、东台、襄阳、黄冈、马鞍山、合肥、南京、抚州、南宁、青岛、成都、都江堰、监利、巴彦淖尔、赤壁、西安等，也就是说，我可以用中国链私有宇宙对其编程，并实现一个国家公链的收敛 f（ ）。

```
Class City
{
    private  CityResource【 】myCityResource = new
    CityResource【100】;
    // 原型测试阶段最大资源供应值为 100 座城市
    setCityResource ( int index， String  cityName )
    {
      CityResource[index] = new CityResource ( String cityName) ;
    }
    public CityResource getCityResource ( int cityIndex )
    {
            return myCityResource[index] ;
    }
    public CityResource
    public getCityResource ( string cityName )
    {
            return findCity ( cityName ) ;
    }
}
```

至此，我可以获得一个心仪的城市接口来实现宏图伟业了，那么，接下来的实现过程变得略带侵略性。因为不止我一个人在设计国家公链的$f(\ )$，可能有上百万人在设计类似的模型。虽然我们在一个**共产经济模型**下工作，只要有付出就会有相应的回报，但是出于"名声"的考虑，我希望自己能成为引领者，而不是在共产大家庭中仅充当一个投资人。

我开始设计：

```
Class CityResource
{
}
```

我认为在该类中应该有一个父类，

```
Class GlobalResource
{
}
```

用于承载来自全球的通用资源。

```
Class GlobalResource
{
    private ResourceChain publicResourceChain=new
    ResourceChain ( );
    // 生成一个全球各国家通用资源的资源链表
    public Recourse getGlobalResource ( int cityIndex )
    {
        return publicResourceChain. getResource ( index ) ;
    }
}
```

在得到全球各国通用资源数据库接口之后，我的城市接口即可初见端倪。

```
Include BaseData.china-chain ; // 获得原始数据库和数据结构
Class CityResource extend GlobalResource
{
    private Population cityPopulation=new Population ( ) ;
}
```

这样，一个城市资源的基础类结构就形成了，我可以针对每个城市的特点生成城市资源接口了。

```
class DongTaiCityResource extend CityResource
{
    private String cityName = "东台" ;
    private String cityName_E = "DongTai" ;
    public  String getCityName ( int index )
    {
            if ( index ==0 )
                    return = cityName ;
            else
                    return = cityName_E ;
    }
}
```

思路整理得差不多，启动。

```
InterfaceOfNationPublicChain myInterfaceOfNationPublicChain ;
main ( )
{
        myInterfaceOfNationPublicChain = new
                InterfaceOfNationPublicChain ( ) ;
}
```

以上的代码略去了构造函数和关系链接函数，请不要以此设计程序。如果要生成某种 AI，请参阅即使出版的《中国链人工智能》获得完整的服务包设计模式。

在设计中，我直接用一个城市资源数组生成每一个城市，暂未使用链表，这是因为目前仅需城市输出资源还未向城市内导入资源。

从代码回归思维计划，我必须跳过一些假设把核心的模式设计出来。

我假设我的构造函数是：

myInterfaceOfNationPublicChain（“东台”）；

从东台上链，希望先给我什么呢？

我希望帮助我构建 **Population** 这个服务类，我们有共同的诉求，即增加地方居民的货币、劳动力、投资的流动性并形成稳定的增长边际率。这应该是地方政府发展新经济的诉求出发点之一。

这里需要了解一个中国链私有宇宙的设计原则：

> **中国链商业法规四**
>
> 必须是通过私有宇宙植入的某种外力导致某个城市的经济参数发生变化的系统，才能称为中国链业务引擎。

这个法则限定了无法投机取巧，不能依附在该城市的某个赚钱业务来享受这座城市已经存在的红利，而是要必须为这座城市带来新的“红利生成引擎”才能在该城市登录国家公链。

因此，我可以要求一个城市向我开放一个居民基数。

目前的设定是：

Population.number = 300 000；

我要一次性链接地方 30 万人，让他们迅速进入我的私有宇宙的“奇点能量包”，为我的宇宙大爆炸充能。

我的 myInterfaceOfNationPublicChain 实例中的城市资源数组数量设定是 100，做一个简单的乘法，我的奇点设计人口能量就是：

30 万 ×100 = 3 000 万充能基数

我开始提醒自己不要大惊小怪。中国链私有宇宙的发展模式既然敢和宇宙大爆炸相提并论，又涉及国家体制、全球资源优化、共产经济模式等内容，倘若就此造就的引擎还和“技术创业”一样卑微，那中国链模式就没有什么存在的价值。

为了适应中国链商业计划设计的思维逻辑，我开始寻找一些案例，想从一个普遍存在的现象找到突破口。

如果一个单一的城市想邀请一位“互联网三线巨头”参加一个互联网主题会议，邀请到这家公司的 CEO 出席的概率微乎其微；如果一个县级政府想利用电商完成本地特产的买卖，需要县领导亲自和电商巨头企业对接，即使对接成功也还要付流量广告费来实现所谓的全球推广。这让我找到了很好的切入点。

第一步：和地方政府的新经济运营平台联手，注册成为其新经济产业开发商。

第二步：把地方政府看作一个封闭的宇宙，将其植入我的私有宇宙中。如果有 100 个和我一样的宇宙在这个城市生成，那么这个城市的产业维度将会被扩展 100 倍。

第三步：植入我的智慧，轰轰烈烈地绘制一篇新经济发展蓝图。

中国链的模式优势，在于可以为任何一个私有宇宙创造者构建完全封闭的边界，并让其不受干扰地利用大环境下已经成功的模式，加上国家公链资源，生成一个“适合生命存在的星球”。

从相对宏观的层面看，每个城市生成一个中国链网络已初见端倪，新型的数据高速和税收模式（合伙模式）正在形成，城市正“从被互联网收割财富向利用互联网形成共产财富”的方向转型。

绝对环境下的互联网巨头所创造的模式，均会在以市县为单位的辖区内被复制出来，承载他们的不再是一个个互联网企业，而是一个个区块组成的区块链拓扑。

我马上就要向世界证明相对论在经济发展上的“超级动力”，将一个人拆分成 100 个人，甚至 10 000 个人，这是中国链商业模式的先进性体现。

而我，只获得一个“分身”，就可成为一个幸福的“中国链寡头”。

一百个城市，3 000 万用户分身，这是我的私有宇宙的财富之源。

江苏东台——中国区块链开放定义发布的地方，是我安装我的私有宇宙爆炸点的地方。可我似乎还缺一个引线……

引线？引线在哪里？即便东台给了我 30 万居民，我的智慧也理解了如何在相对观察点上构建我的私有产业，但最终是我做个电商，然后去遇见我的宇宙中的“孙正义”吗？

显然不是，我的任务是植入产业，为东台这座城市植入新经济产业。

2018 首届进口贸易博览会，这是一个国控开关，所有的城市都会将进口贸易纳入新经济发展的原动力，宏观智慧也表达了进口贸易助力新经济发展的愿景。

那么，引线找到了！我就要开启我的私有宇宙第一链了。

感谢第二个锦囊，将我指引到了“2018 首届进口贸易博览会”，更重要的是，这个抛砖引玉的指引倘若使我利用中国链为东台政府创造一个封闭的基于进口贸易的发展引擎，那么就会有更多的人将进口贸易与自己的智慧相结合发展出不同维度的私有宇宙，这些宇宙（区块）再通过某个（链）模式进行链接，一个高维新经济拓扑就会浮出水面。

我踌躇满志地利用成功的互联网经验，利用“2018 首届进口贸易博览会”提供的新经济产业服务引擎，利用国家公链东台接口的资源，造就一个基于电商平台的中国链宇宙模型。

我的脑海里浮现出了赵公明和他的大黑老虎，很好，我的宇宙有名字了——封神！

第八章

城市新经济生态园

不论先天基因是怎样的序列，如果想作为一个私有宇宙的创造者，就必须掌握标准的中国链商务接洽流程。

前文的代码给出了我的商务对象，即一个城市的政府管理团队或该管理团队指定的运营商。

为了做好商务谈判，我要对各个元素进行有效分析。

政府需求

中国的政府是一个很严谨的“继承”结构。

国、省、市、县的管理系统和模型基本一致，因此，任何一个县的诉求都是**整个国家诉求的一个缩影＋地方的一个独特诉求**。

地方政府诉求＝国家宏观诉求＋地方特殊诉求

地方特殊诉求∈国家宏观诉求：{ }

只要了解整个国家的宏观发展要求，就可和地方政府搭建可沟通的对接点，充分了解地方政府的特殊诉求，将其作为商务突破点，那么我的商务设计进入政府视野的可能性就会增大。经过必要的政务流程学习和必要的政商攻关，就有可能被纳入政府发展蓝图。

我整理了近些年尤其是十九大以来的各项宏观战略，总结出我个人的一个地方政府需求要点：

◇ 不能再举债。

◇ 不能再增加杠杆。

◇ 产能过剩的产业要限制发展。

◇ 最好是当年投入当年见效。

◇ 脱贫要有突破性模式。

◇ 环保很重要。

◇ 经济结构要有革命性转变，包括互联网都成了传统行业，政府要接受新的思想，并在可控的环境下大胆尝试。

以上的需求反映了很强的“生态重构信息”，这和全球的“生态升级重构”的趋势十分吻合。

现在，设计方向已经非常清晰，我的私有宇宙只要能设计出适合地方政府战略攻坚的武器，基本上可以得到双方满意的结果。

锁定新经济

什么是新经济？能够满足现有地方政府发展诉求的完整的业态，就是新经济。因此，新经济不是个定义，也不能有一个明确的定义，它代表的是一种**收敛趋势**。

私有宇宙业态＝*f*（城市产业）

当上述方程能够进入政府视野时：

$$\text{城市经济结构}:\{\cdots\cdots,\int \text{私有宇宙业态},\}$$

那么，我设计的 *f*（ ），就是一个新经济的实例。

我可以将其写入我的算法库，允许其进入作为一个**非关联性大数据容器**，并将其链接 AI。

```
Include DataBase.china-chain ;
class MyDataContainer extend Container
{
    inputData ( )
    {
        code of input my f( ) ;
        // 将我的一个收敛的新经济实例装入大数据根服务器
    }
}
```

一个实例

我要做一个**城市新经济生态园**，涵盖产业构建、教育、区块链拓扑模型建设、新经济产业盈利模式，甚至中国链地产。

这个实例再次说明“模式创业”和“代码创业”的区别，即从模式入手，由积分设计微分，即从一开始就要将“有序的结果设计好”，微分的收敛趋势必须和既定的有序方向相吻合。

城市新经济生态园规划第一步

【输出 30 万用户】

【导入 2 700 万用户】

【构建城市互联网产业】

互联网终于回到了“第六脏器”的源头，我想起那个在都江堰刻有“2118”字样的茶杯，开始设计我的私有宇宙内的“第六脏器 V1.0”。

```
Include Internet.china-chain ;
Include BaseData.china-chain ;
class MyInternet extend Internet
{
        City myCity  = new City (“东台”) ;
        InternetModel myInternetModel = new InternetModel (“电子
        商务”“游戏”“互联网金融”) ;
        ……
}
```

直觉告诉我，“多进程模式”取代“单进程模式”就要开始，最先接受多进程改造的产业就是“刚刚被称作传统产业”的互联网产业。

关于互联网产业的多进程模式实施方式是：每个市县政府均可以

仿照现有的互联网模式独立创建一个“互联网产业”，而后利用中国链的一个“高维积分模式”使每个网络既能独立地在一个平面上盈利又能链接“高维业务”。

从 class MyInternet 可以看出，我正在为城市设计一个比肩“从绝对观察点看上去的全网”产业模型，盈利模式包括电子商务、游戏和互联网金融。

有句成语：三足鼎立。在一个圆上取三个等距支点，可以撑起一个平面且能保持绝对的平衡，取四个点是画蛇添足，取两个点基本立不住。

我导入三个产业来支撑我的 class MyInternet

【中国进口贸易新经济产业服务引擎】

【全球中国链教育联盟】

【全球电子竞技城市联盟】

中国进口贸易新经济产业服务引擎负责运转我的电商平台，但是我的电商里只做进口贸易、只做有政府背书的进口贸易。

这里要郑重声明一下。我的私有宇宙继承于国家公链，所以我没有也不需要有自己的品牌以及个人因素的属性，我建设的互联网是城市互联网，我的实例是东台互联网·东台进口贸易电子商务平台，平台归属于东台市或是国家（公链），而我只是“区块的合伙人之一”。

在这个模块内，我要达到的目标是：东台的 30 万居民的进口产品电子商务业务平台均从东台的联网实现，并将该项业务的税收留在东台，同时，东台还将获得国家公链合伙分润。

中国进口贸易新经济产业服务引擎是一个来自政府的服务引擎，其负责通过中国进口贸易博览会签约各国的商品，并疏导给各地方政府协助其建设自由的基于进口贸易的电子商务产业。

按照每个用户年进口商品消费额 8 000 元计算，该项产业给东台至少带来的货币流量为：

30 万 × 0.8 万元 = 24 亿元

全球中国链教育联盟是一个布局型业务，在新经济发展的前期、中期，人力资源市场会展现出“蓬勃发展”的景象。就如“第六脏器”的三个标靶时代造就千万量级的就业岗位、电商单元，以及近几年多所大学设定相关专业，万亿的“第六脏器”人力资源产值就这样被造就。

而现今的新经济产业，倘若每个人都需要一组新的培训、都需要在互联网上购买一组课程或购买一个新经济入网牌照。按每人年支付 1 000 元的培训费用计算，收益可达 3 亿元。

全球电子竞技城市联盟。“电子竞技”是一个融合型产业，脱胎于互联网游戏，是互联网和其他产业相融合的唯一通道。目前有一个模糊的新定位：泛娱乐。所有和用户娱乐的产品，均可以利用电子竞技这个通道，获得互联网的赋能。更重要的是，所有泛娱乐（包括旅游）即为传统的产业，如果离开了电子竞技的融合，将失去近 80% 的用户增值业务付费。在新经济大潮的冲击下，没有多元化，尤其是没有互联网付费的产业，都将被整合或淘汰。

全球电子竞技城市联盟是东台城市网的第三个支柱产业，不仅如此，它还有一个更深远的布局。它是城市网升级成城市中国链的一个阶梯，因为仅东台 30 万用户无法支撑东台完成下一阶段的百城网并网动作，必须要有一个行之有效的办法，即链接其他 99 座城市的 2 700 万用户形成一个稳定的并网频率，最终顺利并入百城网。

城市 PAY

至此，城市网初具规模，有电商、游戏，更应有**东台 PAY** 来实现互联网金融接口和**百城 PAY** 的基站功能。

Apple 可以做 PAY，亚马孙可以做 PAY，但都不是最高效的 PAY，而**国家公链的 PAY+ 数据货币**将会成为全球数据货币银行的一个实例。这个银行的目标是：增加数据货币的流速，让每个节点均能获得**数据**

金融赋能[1]。

城市 PAY 既不是支付宝，也不是微信支付，它是对接未来数据货币和数据资产的一个金融接口。它可以利用支付宝、微信及各种 PAY 完成货币的智能流通，同时为城市带来金融投资活力。但这个功能在新经济系统内很快就会变成鸡肋，预计 3 年左右以原始货币为核心的金融体系将面临一次崩塌和洗牌。

我憧憬百城 PAY。假设每个城市都有一组我这样的私有宇宙，理论上可以有无穷无尽个，每个私有宇宙均有一个基于法币的数据货币系统，当我的私有宇宙要和另一个宇宙进行价值交换时，就需要由 AI 服务来完成这个超复杂的计算，最终算出拓扑的利益最大对整个共产系统贡献最大的交易时间、交易对象和交易价值。

这里的交易时间、交易对象和交易价值等参数，在支付宝系统里是没有的，甚至没有开发接口。但是要让支付宝来开发这个 AI，我认为没有必要：往大说，这是根服务，需要各级政府贡献运算力；往小说，每个用户都能开发支付宝，因为其和国家公链在一个进程里是完全锁定公链资源的不需要中间环节来协助调整。所以，体制很重要，模式也很重要，但技术就需要反思一下自己的立足点。

不只是 PAY，还有很多互联网技术产品在新经济模式内均会被废弃，因为它们凭空增加了成本，即便是共享经济，也会在城市网建立起来后被“链式”产品替代，而且这种替代不会发生在原有的互联网公司内，很可能由一个新的区块将其“斩杀”。

我仅仅说新经济要“斩杀”互联网企业，但这并不是一个序列，新经济下的城市网不仅不会“斩杀”传统生产型企业，而且城市链会提供巨大的增值服务且不收服务费！

这将是城市 PAY 的主要功能之一，将用共产经济模式让生产者获得有序的资源（包括资金、利润、安稳的生产“原材料”），用于开发

[1] “数据金融赋能”属性，在即将出版的《中国链数据资产及数据货币》中有论述。

城市网的维度扩展形态——城市链的新产品。

在未来，互联网企业不是被新经济城市网“杀死”的，而是死于“饥饿”，它们失去了赖以生存的上下游，没有核心盈利模式的“技术创业时代”很可能终止。它们的努力会被写进教科书，它们依然会成为历史上的英雄，只是它们引领的时代长度是短暂的。

有了城市 PAY，我的新经济生态园初具规模，我要开始“移民和招商”了。移民是将城市内的 30 万居民和百城网内的 2 700 万用户移入我的生态园。招商则需要另辟蹊径，因为在中国链内，企业会消亡，甚至企业的概念都会模糊，用政企可能会更贴切。

在新经济系统内，由于国家公链入股所有的区块节点，原有的企业成长方向出了某种时代机遇，它可以和政府联合生成和共建政企（联盟链容器），如东台城市网。政企可以被看成国家公链在城市的实例，或者说一个相对中心点。

我利用其用户、牌照、政府职能通道、城市 PAY，完成我的“政企化”，最终成为一个挂接国家公链的、独立运转的、以我为中心的区块节点。

由此来讲，我的招商是将“企业政企化”，帮助现有的企业形成供给侧业务，并成立独立的区块，用以和“政企”链接，企业可以是联盟链也可以是我这样的私有宇宙。

人们因为增加了属性而增加了产品维度和需求维度，一些原始的消费行为（如旅游、居住、日常等）被赋予属性后会变化。人的智慧或许一直被禁锢在某些看似合理的坍塌中，薛定谔的猫在稳定后可能代表一种有序，只是生成有序时浪费了大量的能量。

如果在坍塌之前加入一些费米子和玻色子会如何？能不能利用弦理论提供有序坍塌前的一种有序能量？

我的生态园向“有序能量”发起研究，3 000 万的样本能量加上城市网的赋能，很可能让我迈向“诺贝尔奖的殿堂”。

第九章

区 块

这个世界似乎总有两种力量在胶着，共同主宰世界的发展。一种力量，依靠延续某种规则，让其不断优化，来维持世界的秩序；而另一种力量，则恰恰是要破坏某种规则，重新建设规则，来重构世界的秩序。

两种力量很难说谁好谁坏，因为世界上95%的人并没有主见，风往哪吹就往哪走。但是中国链让我感到了区别于以上力量的第三力量的存在，它似乎将两种力量结合起来，尝试将水火不容的两种能量在某个环境中发生相变从而诞生谐波，让两种能量在同一个结果上同时发生正向作用（向一个方向收敛），且又不会让这个结果内部发生基因型排斥。

在此之前，我一直觉得延续规则的力量是主导，从国家公链到供给侧，我的私有宇宙一直循着越来越有序的方向诞生。

接下来所发生的比“第六脏器”的冲击波破坏力要大，令人不可思议的是，这股破坏力竟然就发生在我的私有宇宙规则内。

那是7月的一个下午，我向我的私有宇宙沙盒浇灌一组能量，目的是让未来我的宇宙内的移民产生可持续收入并有一个稳定的周期。

我一开始设想得很好，将“企业和公司”直接植入我的宇宙，对接国家公链的奇点赋能，然后就应该万事大吉——一个私有宇宙的社会主义空间诞生，而我就可以提供根服务做个小寡头了。

于是我做了一个模型：

```
Include Company.china-chain ;
class Company extend City
{
    CompanyPara myCompanyPara =
        new CompanyPara（“卖小龙虾”）;
    CompanyTeam myCompanyTeam =
        new CompanyPara（“营销团队”）;
    ……
}
```

很精彩？天衣无缝？

事实上，这是个错误的决定。在中国链的定义背后，隐藏着几个很“诡异”的设定。我竟然用了“诡异”这个词。

我们来重温一下，中国链的定义：多中心化，自由基加密合伙技术，且允许以继承的方式重定义。

在这个定义下，有以下几个设定（不是全部，另一些后文会讨论）：

◇ 在中国链内，不能有雇佣关系，所有人的关系必须是合伙。

◇ 在中国链内，没有用户的定义，即没有买卖关系。

◇ 在中国链内，所有人的信息是透明的，并且信息一定会出现在你的私有拓扑内。

◇ 在中国链内，所有事件的分配动作是同一时间完成的，不论你处于合伙的哪个微分片段。

这些设定都不是“企业或公司”这样的实体能承载的。根据这些设定，企业和公司在中国链内被无情地摒弃，也就是说，出生在中国链私有宇宙的生物根本就不会有任何企业或公司的信息存在。

我停止所有的试验，怔怔地看着天花板，内心崩溃。我又想到了孔明先生的第三个锦囊，但是，现在应该没有到山穷水尽的地步吧。

一个星期过去，我奋勇地从崩溃中脱身，凡事要靠自己，望着窗外的远山，我的思想又一次旅行。

首先，企业或公司在现今的社会经济系统中是纳税的主体单位，似乎像是一个极简版的国家机器，又更像是个帝国。

其次，公司所有的行为都是为了追逐股东利益最大化，包括多级资本市场利益，其分配模式是契约制。

再次，企业担负了社会多项责任，很多生活保障性内容由企业传达给自然人。

最后，很多固化思维通过企业成为社会法则、社群法则，甚至是生存法则。

总结出以上几点，我似乎看出一些端倪，也开始理解“未来社会”为何是伟大的前瞻性思想。

企业最初的设计目标是：一个共产单元，单元内的所有参与者在同一契约下贡献着自己的资源，并在理论上追逐相同的结果。按照简单的数学原理，整个社会的体质由一个个企业或公司叠加而成，每一个“细胞”是共产的，那么最终组装出的经济模型也是共产的。

但是，为什么我们所有人都没觉得生活在“共产经济模型下”呢？

我的回答是：**企业不是一个共产单元**。

企业内任何两个人都没有完全的共同目标，两个股东、股东与管理者、管理者与产品负责人、产品负责人和项目负责人、项目负责人和团队成员、两个团队成员，都没有完全共同的目标，所以，企业不能由一个标准的收敛曲线定义，也就是说，企业在微观上是无序的。

国际机器需要利用很大的能量来保证企业宏观有序，因此，不论是私有制还是社会主义公有制，国家机器最大的成本都是在于维持企业关系宏观有序。

现在，让我们以最崇敬的眼光看一下“第六脏器”，再重温一下由代码发起的《巴别塔外传》。公平地讲，很多有识之士希望用技术创造一个超级的宏观有序，以减少社会发展的成本，他们的目标很可能也是消除企业或公司。

来看两个时髦的技术产业——“大数据”和“人工智能”。它们合在一起，就是一个技术堆砌的超级大脑，而后出现了中本聪区块链和中国链。我完全可以大胆地预测，区块链是世界用来实现某种大规模宏观有序的通道，或者说是模式！

我先假定我的设定是对的。因为按照这个设定，中国链的“合伙模式”就可以解释了。

区块链在私有宇宙奇点之前，要利用传承的力量来延续国家政策、法律、社会构建框架、法币等；但到了发生爆炸的瞬间，则需要创造新的工作单元，不能再使用企业或公司的模型，这也许就是区块链的历史使命所在。

中国链定义中的合伙设定，要求拓扑内每一个单元都必须以一种合伙模式来构建关系，这和目前的法人合伙也有很大的区别。我先假定中国链观察到企业的效率值漏洞，希望私有宇宙创造更高的效率值或者利用效率值来控制私有宇宙的存活率。如果这个推论正确，那中国链的效率值权衡的机制又是什么？

我暂时把“大数据”和“AI”剥离。因为现在看来，它们更像某类放大器而不是能量源。

企业的关系是一个复杂的拓扑关系：

企业 = {合伙人，职业经理人，管理团队，部门经理，产品经理，项目经理，外包临时人员，员工，合同，法务，业务，渠道，市场，用户，资金，资本，税收，政府……}

其表面输出是：

```
if(利润 > 0)
{
        利润 = f(企业); // 至少找到了一个有序通道
}
    else
{
        社会成本无序转移或在其他有序中获得补偿
}
```

即便是管理最好的企业，把企业参数拓扑限制在一个一维的链表内且不允许链表链接指针超过一个（军事化管理），也不能保证做到“绝对收敛”，因为有一批参数（如政策、市场、用户行为、竞争对手等）根本无法纳入企业可控链表。

现在，再引入“大数据”和“AI”。这两个技术的产业方向如果不限制在“中国链模式”内，也就是说，不利用在增加社会单元收敛性和减少不可控关系成本上，那么，它们的破坏力会比互联网大很多。例如，AlphaGo、无人汽车、智慧系列等看似很酷炫，但其实只是工业革命的翻版，人类的实际体验层并不会因为酷炫变得更好，就如“第六脏器”导致了颈椎病、青光眼和网瘾一样，并没有让人类真正获得文明的提升。

我从中国链的定义里给出一个私有宇宙关系单元模型：

中国链关系单元 =｛国家公链，单元单体｝

这种仅有一个单纯关系的关系单元，称作**区块！**

区块与国家公链的关系，可以用一个合伙合约来解决，那就是中国链智能合约。

企业或公司和中本聪区块链定义一样，灰飞烟灭。

区块的目标也不再是“区块利润”，而是**区块速度**[1]。

对我这样的个体来讲，并不是要考虑能赚多少钱，而是希望加入一个区速更高的私有宇宙，在高速宇宙里可以任意挥霍我的合法欲望，不用担心有没有钱或是会不会破产。[2]

我知道，在目前的微观模块被设定为“企业”的社会经济系统内，“不工作不得食”是普适定义，而在中国链的以区块为微观模型的私有宇宙拓扑中的定义是不共产流动，不得食。

“共产流”这个词语，看上去就是那样帅气、有底气，“流”是一个有方向性的描述，是文字中表达有序的常用词。共产流系统的解释是只要能流动，就能吃饱饭。

在国家公链强大的奇点赋能情况下，如果我的私有宇宙一点流动都不产生的话，我可能就是“废物”了。

---

[1] “区块速度”参数，在即将出版的《中国链数据资产及数据货币》中有专门的分析和模型解析。

[2] 该模型在即将出版的《中国链数据资产及数据货币》中有专门的模型解析。

从工作到造流，从“单一挣死钱”到“共产挣钱流”，是一种文明的更替。

宏观共产流和微观共产流

再看大数据和 AI 这两个技术，如果将其设定为**中国链大数据**和**中国链 AI**[1]，将是一件幸事。最直接的幸福是：本来你需要花钱买“大数据”或“AI”服务，就像买“第六脏器”服务一样，但是在中国链里“大数据”和“AI”成了你的仆人，将会为你辛勤地工作，不停地创造智能合约、提升流速，为你赚取财富，让你实现“自由飞翔”的梦想。

这种模式是具象化的国家公链共产流模式，国家公链一直存在于奇点之前，中国链私有宇宙内的生物不会直接感受到它的行为，但要依仗它获得生存的基础。就如我们现在生活的宇宙，你了解它现在到底是稳态还是暂态？又怎样给出奇点的方程证明它已经不活跃？

国家公链的任务是不是要调整宏观共产流的平衡呢？我想不是，至少在 2018—2020 年不会是，这段时间里它会不断地刷新宏观共产流的峰值，拉动流速慢的宇宙，以最短的时间接近最高流速。这是“多核多进程（线程）CPU 阵列”先进性的完美展现。某个维度的高速流不是另外维度共产流的“竞争对手”，这对“单进程宇宙内寡头思维模式”是无情的颠覆，不用让寡头再学习仁义礼智信，只要努力让大家都尝到寡头的滋味、看到巨大的国家公链能量，获得人生的启迪。

从一个区块来看，它的微观共产流是什么？我认为，是一种“智能合约的认可”。当至少有一个智能合约生成，就证明该区块有流动，整个区速就获得一个微分增量，中国链 AI 会为这个增量开设一个区速

[1] 关于“中国链大数据”“中国链 AI”属性的展开论述，可参阅即将出版的《中国链大数据》《中国链人工智能》。

账户计算它带来的收益，并产生分配方案。[1] 每个智能合约均是一个时间函数：

$$\text{智能合约} = f(t)$$

这与合同的时效性完全是两回事。在这个函数中，时间是“参战”的，和区速有着不可分割的有序关系。

$$\text{智能合约共产流} = \int f(t1) + \int f(t2) \cdots\cdots$$

这就是说，我根本不知道自己的哪个行为在哪个时间片段能够促进宏观区速的增速，所以我是无序的。我有两个通道来完成**区块微观共产流**的生成，并让我选择有序的行为：

一是主动“领任务”，开放我的智能合约握手接口；

二是上传我的行为，等待其他智能合约来和我握手。

我拉开了窗帘，窗外繁星满天。

不远处的黄河，无声的东去。

电视机里播放着关于改革开放四十年的专题片。三十多年前，私有经济从农村、镇、县开始兴起，国有企业在惊涛骇浪中发生巨变，全球资本不失时机切入，房地产引导经济结构变化，这些衍生出现代中国企业和公司的特色形态。人们在变革中，寻找着自己的位置，重构自己的人生观和价值观，接受新事物、创造新事物的速度越来越快，一切欣欣向荣。

记得我第一次听到“写字楼”这个词语，是在一年春节联欢晚会由一名歌手唱出来的，我当时的感觉和知道“今天的区块链”一样——不懂！而如今，我正在设计“写字楼消亡史”，我打算在中国链时代把写字楼改装成ER（扩展现实）景区，这样区速才会更大，可以

[1] 该模型的详细分析，可参阅即将出版的《中国链根服务系统》《中国链数据资产及数据货币》。

以更高效的模式流动。

万物互联，听上去很像一个大招。很多人以为，贴上二维码、加上电商网站或“菜鸟”“小米”、有低端生物混合体，就能万物互联，这是粗浅的解读。

中国链的区块，其第一阶段的目标是万物互联、创造共产流速。我觉得在中国，一个以实现“未来社会”为使命的国家，每一个阶段的宏观设计都会向其目标收敛性接近，而不会产生“螺旋式探索”。

区块很有可能会经历三个发展阶段。

阶段一：企业的区块升级；

阶段二：企业与区块并存；

阶段三：信用区块时代。

关于信用区块时代，我认为是企业下沉成为某种技术，由AI来负责运转，大量的人会附加区块属性，使用智能合约的信用机制设计自己的生活。共产将是获得生活资料的模式，私的结构会发生比较大的变化，公也会随之变化。人们也许不再探讨“战争”“剪羊毛”之类的底端游戏，更高级的游戏会被创造出来。

但有一点不会变，那就是管理模式：依然有领袖、有智库、有更高效的国家机器。

第十章

中国链智能合约

我发现，网络的废品率是有史以来最大的，成本也是最高的。就如每年产生的“待废弃词汇”就是一个小小的佐证：土豪、神马都是浮云、给力、网红、大V、围脖，等等。互联网企业为点击率、日活、CPS等盈利指标设计产品的时候，留下了大量的隐患。当年鲧治水，九年不得，用的方法就是堵，后来是大禹疏导治水。但是，今天创造的“废品和隐患”，即便是大禹降世，也解决不好了吧。

在国家层面看，为了让互联网时代私有制企业充分发挥其作用，宏观层面给出了最大的包容和投资，用以验证“第六脏器”最大效能的正负值平衡点，进而做出更有效的宏观引导政策。

在前二十年，都是企业先试行，国家再出台政策和法规，这种模式获得了可喜的收获，十多亿人发展成网络用户，经济总量大幅提升。时至今日，在互联网+（这个十分温和的信号）进入实质性落地阶段（2018—2020年），宏观层面的举措会是怎样呢？

我开始理解玄奘大师讲述的情怀——“悲天悯人”。我看到了很大程度的宽容和忍耐，这是一种文明的体现。

那么，在互联网已经表现出近乎所有的冲劲之后，如何将其变为一个传统产业纳入地方经济，就是一个系统化项目了。看上去很大的企业，其实仅是一个小小的沙盒，更优秀的产业正在形成。

互联网的根基是**用户点击量**和**活跃用户量**。

用户的来源，最初是“市场引导”。由此去边界技术诞生，虽然不一定是最好的方向，但在蓝海阶段的产业，都是以霸占整个海为目的的，所以“去边界”成为蓝海产业的首选技术。

以一个行为圈用户成为互联网企业商业计划书的不变主题。直至今天的寡头出现之前，中关村一度有超乎硅谷的繁荣。

如果把现在互联网所表现出来的废品率和维稳成本的根源，推到互联网企业身上、推到开发者身上，甚至推到互联网盈利模式上，都是极其错误的。

互联网、相关技术、企业、寡头、领军人物、模式开发者，这些都没有错，因为他们创造的初衷都是有序的。那么，造成互联网产业维稳成本的根源是什么？

是用户！

所有的无序全是用户造成的，互联网技术和企业在为用户“背锅”。例如，淘宝上卖假货，这是淘宝的责任还是用户的责任？剔除假货的成本是阿里巴巴担负还是让卖假货的商家担负？再如，微信的审核成本越来越高，这是因为用户肆无忌惮地传播有害信息，虽然传播者基数并不大但是破坏力极大，那审核成本由国家承担还是腾讯承担？如果有人不负责任地说，百姓无罪应该由国家承担，那么，这个成本一定会转嫁到许多无辜的环节中，就如你觉得看电视不花钱但广告把商品成本转嫁到你身上一样。

时至今日，互联网用户违约成本几近天文数字，而且还不能盲目地管理，因为越管成本越高。

我有了一个奇怪的想法，如果我的私有宇宙内利用中国链塑造一个用户守则，直接把所有违法用户剔除在外，是否能从互联网维稳成本中获得共产红利？当我作为一个维稳单元出现的时候，和国家公链的互联网维稳成本减低策略握手，联合向宇宙内赋能，能否创造一个高效的互联网世界呢？

智能合约，我重新审视中国链根服务的核心接口——**智能合约！**

智能合约的限制模式

首先，我把智能合约设定成一个少数人规则，即它诞生的目的，不是为了适应绝大多数人的消费，不用所谓的普适消费，而是允许消费者创造违约成本。

那就在智能合约的头部加上第一个设定：**能做什么**。

这是一个减法合约，即设定在一个宇宙内你只能做这些事，如果你做了额外的事就等于在这个宇宙内自杀。

我的继承规则是：**只能减少能做的事，不能增加**。

我干脆做了个一次性了断，将“用户”这个词汇从我的私有宇宙内删除，用“区块”取代，则我的智能合约头文件变成了如下的样子：

封神私有宇宙智能合约头文件

【区块】

【可以做的事情】

【继承设定（只能减少可做的事情，不能增加）】

企业和公司没有了，用户也没有了，所有微观无序的东西都在被剔除的范畴。那么，新的问题出现了：**“消费”消失了！**

是的，这是我正想说的，消费没有了。中国链系统内，所有的行为都是一种带区速的共产流，包括一举一动、吃饭睡觉，以及原来被称为消费的行为，全都是对区速的一个增量微分方程。我们把这个行为称为**区块赋能**。

其实，区块赋能和消费并不矛盾。它们不但不矛盾，还在原理上和功能上惊人一致：两者都是社会经济运转的核心，只是一个是静态的、一个是矢量动态的。

消费也是一种合约，只是不直接带来宏观经济增速，而是要通过很多个“运输步骤”才能对宏观经济赋能。

而区块赋能可以立即产生，并且能持续一段时间，它的赋能媒介是智能合约。这里“智能”二字具有非常深远的意义，它的负责性无止境，或者说，人类真正所需要的 AI 就是创造能够带来共产流的标准智能合约代码。

需要解决的一个核心问题是：在极为复杂的属性结构和行为需求频繁交互的中国链拓扑里，怎样用最快的速度生成适合一个时间微分片段内的所有合约。

例如，中午 12 点，有 100 万人在不同地点发出吃饭的需求，并提交想吃什么的数据，智能合约根服务就要立即生成 100 万份智能合约，使吃饭行为获得最大的区速提升，同时又不影响任何一个人的收益和吃饭的满足感。

是的，你不再是一个人吃饭，你的任何行为在一个时间片段内都可能发起一个共产，甚至生成一个区块链拓扑，这些都将是智能合约服务器需要处理的事情。

现在看起来，我约束用户的智能合约头文件是一件“累积功德的事情”。我限制很多行为的发生，砍掉会把智能合约服务器算死的无序，这一方面节省了宏观维稳成本，另一方面可以让所谓的量子计算机问世之前只用一组“超算阵列”就能满足我的私有宇宙的收敛性区块赋能的智能合约计算需求。

从宏观的角度看，智能合约是国家机器升级的一个引擎，它不但可以降低大量公民违约行为带来的无序成本支出，还可以生成更高效的有序。国家机器的一组高成本管理职能会在中国链内获得压力释放，当这种释放被疏导到民众中时，民众的满意度就会增加，进而使违约量持续降低，形成良性循环。

在一个可预见有序的模式下，技术的飞速发展才会被赋予一个矢量定义。技术本身如菜刀，关键看刀把在谁手里。

中国链私有宇宙智能合约的人为设定部分就如握刀把的手，它尽量让所有的刀把全部握在厨师手里，而需要 AI 的部分就是技术，在这基础上，技术越好，做的菜就越多，也越好吃。

我们有必要在一些时候，从最根本的方面做设定：

能做什么

不能做什么

如果这个设定**没有**下一个限制：当你做了不能做的事会受到惩罚，则这个设定就是一个“上帝规则”，如一年有四季、人生下来就有五脏、不喝水会渴死，等等。

中国链的智能合约中，将会携带这些“上帝规则”，让生存在私有宇宙中的生物从诞生起就没有未被规则的能力。

经过以上分析，我做出总结性判断：智能合约的实现不是技术项目，而是一个哲学项目。同时，它遵从爱因斯坦的相对论，每一观察点下智能合约的表现形态都不相同。

最后，我给出我的智能合约签署模式：**继承**。

如果你认为一份智能合约适合你，请你继承它，写下你的私有代码或条款，然后开放可继承接口。

此时的智能合约，看上去像个成长的孩童，不断地丰满着自己的身体，不断地强壮下去，同时也会死亡。

任何一份智能合约都不是可以无限继承且无限成长的，大部分智能合约的生存周期都不会很长。原因也很简单，智能合约的成长不是线性的，它有可能是阶跃性的，也有可能类似基因重组，在数据货币的配合下，智能合约变化的形态甚至需要“创造新的词汇去形容”。

不过不用担心，智能合约的任何变化都不会显性地出现在正常的生活里，不会给人们的生活带来麻烦和不适，它只是默默地帮助我们在某个维度上实现最高速的有序，如财富增长！

我发现，中国链让我从愤世嫉俗中解脱，我不再有小人物的无端憎恨，开始学会用进化的眼光审视周边一切看似正常的事物。试想一下，企业、用户、消费这样的定义都在中国链中消失了，那会是一个多么新奇的世界啊！那里到底会有什么？我有些迫不及待。

第十一章

百城百链计划（二）

一吨多重的大黑老虎趴在我面前，它的眼神流露出复杂的神情，让我觉得有些不自在。

“我是不是变成人的样子，你会更舒服一点？”看了我一阵后，大黑老虎开口了。对于它会说话或者变成一个人，我一点都不惊讶。它的智慧级别应该至少高我两个层次，我甚至想问它讨要长生不老的方子。

“不必了，您现在看上去挺威武的”，我故作镇定地回答。可眨眼的工夫，它已化为人形坐在我面前的一张花梨木的鼓凳上。

他告诉我一个“赵公明的大计划”。

本来我觉得，私有宇宙的大爆炸已经具备了各项条件，可以做 α 版本测试一下了。但是，大黑老虎一上来就给我泼了一桶冷水。

中国链也好，A 国链也罢，都不是真正全新的思想和技术，它们的实例早已出现，而且已经发展成了一个完整的产业链——电子游戏！

还记得 Westwood 的《命令与征服》吗？它带走了我们多少个不眠之夜，在 386 还没出现的时代，在电脑还是奢侈物件的时代，在没有互联网甚至电话还未普及的时代，《命令与征服》就已经激活了我们征服世界的欲望，并沉溺其中无法自拔。

《命令与征服》——单机即时战略游戏。如果赵公明在当时立下封神榜，其策划必然首批封神。

一曲《仙剑奇侠传》唱散了多少少年。完整的故事、完整的世界，虽不是最完美的平衡系统，但只要想起仙剑宇宙，一群人老泪纵横。

《DIABLO》横空出世，定义了角色扮演（RPG）的宇宙框架，那个拎着大斧子的屠夫追着我猛砍的画面一直是我噩梦的开场。装备系统、人物成长模式、战斗模式、宇宙背景故事，让游戏成了我的第二空间，甚至是第二人生。

网游来了，陈天桥来了，《传奇》来了。如果你认为《传奇》是一首歌曲或是一款车的话，那你一定错过了游戏的黄金时代。

《传奇》之后，全球的网络游戏产业疯狂成长，各大互联网公司纷纷发力，简晶、鲍岳桥的棋牌在线系统也异军突起，各种网络宇宙层出不穷。

我不得不提一个人——史玉柱，一个改变了游戏宇宙规则的人。作为中国初代 IT 祖师，他的脑袋创造了一个全新的真实世界和游戏宇宙链接的模式——道具付费。这个模式甚至影响了整个互联网的发展。

时至今日，道具付费成了一个游戏宇宙引爆的赋能点，所有策划的全部精力集中在一个点上：让用户在 1~7 天内完成一次付费。也正是这个设定毁掉了一代游戏宇宙的策划者，包括看似很厉害的暴雪策划，甚至是绝地求生的策划。因而，游戏宇宙无法进化成真正的中国链私有宇宙，它注定只能成为一个全民都在玩的、年产值只有 2 000 多亿的鸡肋产业。

大黑老虎让我明白了一件事，我不是第一个也不是第一批创造私有宇宙的人。如今，各种堪称私有宇宙的现象和产品林林总总，遍布全球。但是，它们都有一个致命点使其无法和中国链宇宙媲美，甚至难以望其项背。

宇宙赋能！游戏宇宙的宇宙赋能定位在人类的一种“娱乐消费”，所以不论它如何宏大、如何考究，都不会成为一个真正的“平行宇宙系统”。

关于中国链平行宇宙系统的概念，会在未来的某个时空，由某位先贤现身讲解。

中国链平行宇宙系统的一个必要设定是：平行宇宙和现有宇宙不是从属关系，它具有完全独立的经济系统。

以上的设定并非是对游戏产业的诋毁，相反，游戏产业目前的封闭边界依然很优秀。这意思是游戏产业可以直接搬进私有宇宙，不用做任何奇点赋能升级，但是这个决策给出了一个私有宇宙策划的规则。

私有宇宙策划规则一

不能套用现有（2018 年以前）的任何游戏策划规则，不能使用其经济系统来继承生成私有宇宙的经济系统。

```
Include BaseUniversity.china-chain ;
class MyUniversity extend ChinaChainUniversity
{
    private GameUniversity myGameUniversity =
    new GameUniversity ( “封神” ) ;
    GameUniversity getGameUniversity ( int index )
    {
            if ( index == GameList.fengshen )
            {
                    return myGameUniversity ;
            }
            return null ;
    }
}
```

我不能在游戏大神、游戏前辈、游戏先贤的引导下创造我的中国链私有宇宙，我只能走一条我自己的路，虽然那是一条没有人走过的路。但是，借用鲁迅先生的名言，“可以的，我可以来回走，直到踩倒所有荆棘，让其成为路，或者找一批 AI，一块儿踩，那样效率更高”。

孔明先生和赵公明似乎联手给我下套，当我把我的私有宇宙取名为“封神”的那一刻起，我的名字就被写入了封神榜。既来之则安之，我现在什么都不怕，撸起袖子加油干就是了。

赵公明的计划是“链接百城，重塑天庭”，各路大神齐出手，一起创造共产和谐社会。

既然不能用游戏思路创造私有宇宙，那该用什么呢？我只能继续我的“江苏东台上链计划”（百城百链），尝试着揣摩如何链接百城。

有没有这样一个模型：每个城市设计一个“关卡”，也就是“任务包”接口，允许100座城市的3 000万区块赋能上传自己的智能合约，并用AI生成共产流？

```
Class CityResource extend GlobalResource
{
    private Population cityPopulation =new Population ( ) ;
    private SmartContract mySmartContract =new SmartContract ( ) ;
    ChinaChainInterface  getSmartContractInterface
            ( int interfaceIndex )
    {
            for ( int i  = 0 ;
            i<mySmartContract.SmartContractList.length ; i++
            {
              if ( i == interfaceIndex )
                  return
              mySmartContract.SmartContractList[i] ;
            }
            return null ;
    }
}
```

这是一个基于互联网的接口设定，也是国家公链赋能的一个私有宇宙能量转换接口。从这个接口我可以安装各种**数据资产生成器**[1]，将3 000万互联网用户的购买行为作为接口 mySmartContractInterface 的数

---

[1] 关于数据资产生成器，后续章节有论述；关于其应用层面的分析和案例，可参阅即将出版的《中国链数据资产及数据货币》。

据库，并允许 3 000 万区块赋能对其进行对接并生成自己的数据资产。

然后，我在接口内写入《封神规则》，将数据资产的头部加上我的私有宇宙智能合约标识，让 AI 知道凡是带有这个标识的智能合约是由我的私有宇宙“参与的”，AI 会在中国链根服务器内调用我的私有宇宙数据库内容，用以生成和其他私有宇宙中国链拓扑握手的**链**[1]，这可以让全球所有的人参与封神宇宙经济系统的建设，形成收敛性的封神中国链经济系统（宇宙）。

我利用国家公链成功地躲开了游戏策划中的原始设定模式，即一个伪命题：

游戏道具 = 货币

这个命题的正确解释是：

游戏服务 = 货币

就是由于伪命题的存在使游戏的经济系统无法收敛，策划创造着各种道具，将它们放在网上的“游戏宇宙中出售”。由于道具本质并不是可以产生稳定服务的移动网络流量，也不能持续为用户带来等值的“游戏服务收益”，导致大量的游戏宇宙很快崩塌。而移动网络流量就一直能提供很好的、和道具定义类似的“虚拟服务”。

我之所以提出“道具伪命题论”的原因是，我的封神宇宙接口的首个服务型产业就要接入游戏产业。

私有宇宙策划规则二

将游戏产业作为首个服务产业接入私有宇宙，并将其下沉为一个基础服务产业。

我在百城百链开启智能合约接口，通过第一个植入产业——互联

[1] 关于“链”的解读，在后续章节有着重阐述。

网产业，对接 3 000 万用户（原始经济结构），并希望用游戏产业将其转化为 3 000 万区块赋能（新经济结构），用以生成我的私有宇宙中第一条**共产支流**。

在这个支流上，剔除“道具媒介”和剔除“企业、用户、消费”一样，在中国链里，不再使用史玉柱模式，甚至要生成一条“上帝规则”：史玉柱模式思想在我的私有宇宙中不能诞生。

没有了道具的游戏将会回归它的游戏本源——**创造服务**。所有国家公链的赋能产品，包括每座城市的实体企业、以进口贸易引擎疏导的全球商品、城市内的基础服务资源（如景区），都将是中国链游戏的场景生成器资源。

> **场景生成器定义**——中国链私有宇宙内区块获得原始生产资料生成私有数据资产的容器。

该定义继承于我的私有宇宙智能合约头文件的一个实例设定。该设定描绘了我的私有宇宙内区块的一组样貌参数，也就是在我的私有宇宙中诞生的人将是什么模样。

“封神”中的区块，在诞生之初就拥有近乎使用不尽的资源，它们都具有和上帝类似的能力，可以利用这些资源创造改变整个宇宙形态的二级空间。它们有的会创造一个地球，有的会创造一个星系，在它们创造的空间内，制度、规则会按照区块的意志生成，而后它们之间开始发生关系。在一百个城市提供的国家公链赋能的宇宙内书写历史。这是不是很像黄金一代曾经在地球上留下的痕迹？

接下来，我把上面这段语言翻译成**区块商业语言**。

百城百链通过互联网开启了国家公链的赋能过程，这个过程和我们常识中的宇宙奇点赋能不一样，国家公链赋能是一直存在的，而且针对每一个区块均会产生一个赋能时空，并记录在该区块的数据资产及数据货币中。每个区块需要提交至少一个游戏场景来将“能量转换成物质”，通俗说来，就是将国有资产通过自己的劳动变成自己的收益。

这个游戏场景的设计，就是一种新产品或新合伙研发的过程。之所以称它为游戏场景，是因为中国链私有宇宙中的时空与现实生活是相对独立的，也就是说，在中国链时代人类一个肉身很可能生存于许多不同的时空内，获取完全不同的服务内容，让自己的生活更美好。人们可以通过互换游戏场景的方式达成共产流的增速。

人生如游戏，除了一个时空不可逆之外，其他的似乎均可以从头再来，除非有些宇宙设定了“一旦被剔除，将无法再进入”的“上帝规则”。在物质和技术都很发达的当下，私有宇宙能提供的服务将会无限接近人类的欲望极限。

中国链游戏的商业模式剖析

虽然区块链游戏剔除了“传统游戏道具”，但我仍要郑重地说明：区块链游戏和传统游戏几乎没有任何线性关联、没有任何函数关系，虽然它们都是游戏。

我还有一个更新的设定，这个设定于近期刚刚产生，那就是：**现实游戏甚至不是区块链游戏的一个子集**。

我思考了很久后才给出这个设定，我必须让开设在每个城市内的原始赋能接口足够干净，才能保证区块链私有宇宙有很好的发展趋势。

“游戏”这个词在现实社会中的定义被极端窄化，尤其是电子游戏已经被窄化为“和网吧文化同一个档次”。我没有贬低网吧文化的意思，只是说窄化游戏定义是中国链游戏定义不需要的。

这是商业定位所致。中国链游戏的商业定位，首先是区块不是用户，也就是说，你不是区块就不能玩中国链游戏。而区块的定义中，其行为是 AI 引导下的共产流的能量源。因此，中国链游戏的策划一定会发生产业融合现象，如和旅游进行融合。

景区的中国链游戏会是一种**中国链旅游产品**，而不再是一个游戏产品。在我的宇宙设定内，中国链游戏不是用来消费的，而是用来加工新经济模式下的其他产品或节点用的原材料。

我想用“to B”这个词，会使更多的人理解区块链游戏的商业定位。它不是用来玩的，而是用来加工某个可以玩的东西的原材料。很有趣的一个翻转案例是，以前游戏里卖道具，到了中国链里就变成道具里卖游戏。例如，“封神”中针对一个传统商品的有效购买后续很可能会携带一组链接其他主题服务的游戏模块。

这里说的**有效购买**是指：按照现实世界的消费习惯产生购买，并未叠加其他的硬性需求融合。

区块可以选择性地按照一个游戏设计，让自己的分身穿梭于100座城市的ER（扩展现实）空间内，和不同的区块完成各类“有结果的任务”，从而完成自己在“封神”中的人设构建和成长。

这里简单提一下**中国链物联网产业**。可以看出，在区块链游戏成为链接规则后，中国链物联网一下子就成了一个非常令人憧憬的产业，和冷冰冰的物联网相比，它蕴含着惊喜，更能被大众所接受。中国链根服务器所建设的物联网根服务，一开始就将一组接口属性“拧在了”传统物联网定义上，让每一个物体都变成了连接世界的魔法物件，每个物件都可以携带一组人类的幻想，用现实做积木搭建出不可思议的全新世界。

赵公明的中国链游戏和中国链物联网根设计给了我巨大的思想冲击。游戏不再是网瘾的根源，而是新经济产业的一个核心组件，或者说判断未来一个业务是否是新经济业务只要看其有否挂接中国链游戏。

这个设定颠覆了许多传统理念，它的目标不仅是放飞思想那么简单，而是“让思想更接近现实”。中国链所有环节的设计也是如此，去掉看似合理的中间环节，重定义看似已经坍塌的模式，让世界组件化。从宏观看，中国链更像是一个“超级的柔性工程实验室”，每个人均可以在这个实验室内用相同的原材料制作出不同的世界。

100个城市，按照每个城市开放100亿元国家公链资源（GDP），那就有 10 000 亿元的原材料及货币堆砌在“每一个区块面前”。而从区块赋能的角度分析，每个人均可以锁定这 10 000 亿元用于自己的智能合约生成。我只是给出一个比较合理的假设，如果因为中国链的共产流新经济业务，让这 10 000 亿元变成 20 000 亿元 GDP，那世界就会迎来一次阶跃性突变，其有序化程度所创造的价值将会超越人类历史有记载以来的总和。

第十二章

从数据资产到中国链资产

我渐渐适应了一种认知习惯：中国链里的任何词语都不会是“看上去的那样简单”。例如，“区块”这个词语，2018 年各个地方都在谈论它，甚至是国际级会议中的 PPT 都有“BlockChain”，但是足够仔细的话，你会发现哪里都没有一个区块链核心定义，甚至都不愿意提及中本聪定义。也许是大多数人觉得谈论区块链才会显得“高雅”和“潮流”。其实大数据和 AI 也是如此，类似的还有云计算、物联网，至少在 2018 年以前都没有可以做标准的商用定义。

但是，中国链一定会说出定义和模式。区块就是一个共产流上的共产单元。和拿着互联网 SaaS 来冒充区块链产品的投机者不同，它明确了“是”和“不是”，并非说 BlockChain 就是区块链。

这种“信用”很重要，表明了中国链的态度。它明确通道、明确可达到的结果，不是预测趋势。就如，股市会涨！股市会跌！楼市要调控！楼市不会崩盘！

无序导致的脱责和私有成本不可控，是全世界都该探讨的成本问题，“区块信用”直击这个痛点。

从区块的定义，可以顺理成章地导出**区块信用**的定义。

区块信用——保证一个共产流可以达到预期的约束。

也定义一下中国链数据资产。

中国链数据资产 = 区块信用 + 资产

数据 = 记录该资产形态的模式

由以上的定义可以分析出中国链数据资产不是新的资产形态，而是一种对资产的有序约束模式。

假设所有的资产实例都能够用一个法币数值来描述，则中国链的数据资产的定义可简化为：

中国链数据资产 = 区块信用 + 法币

数据 = 记录该资产形态的模式

继续简化：

【数据（中国链资产）】= 区块信用 + 法币

如果整个拓扑只有一个公链，只有一个中国链根服务系统，且到目前为止该根服务器的算法模型和存储结构依然使用目前的“云系统”，那么，我们可以认定区块信用也具备数据参数。即

【数据（中国链资产）=（区块信用）】+ 法币

当法币升级为数据货币后，“数据”一词就没有用了：

中国链资产 = 区块信用 + 法币

去掉“数据”二字是为了保证不再使用其作为中间媒介，即不再产生数据成本。数据服务本身就是增加成本的伪命题，消灭它是共产流速度提升的一个重要指标。

这个设定将加大国家公链的竞争力，也很可能让数据企业面临“灭顶之灾”。同时还会牵扯“云操作系统”的设计模式问题，甚至牵扯资产全球化。

中国链资产在一段时间内会是这样：用“数据”充当服务的底层协议，由国家公链控制其产业化程度。控制民用硬件、软件、网络、操作系统、根服务器等必须要支付成本的产业化程度，即限制以数据产业剪羊毛的财团利用数据产业升级换代，胁迫其他国家以其发展速率为标杆而产生的深远伤害。

中国链私有宇宙资产模型

我开始构建我的中国链资产模型。

首先，要建一个法币与资产的对应表或数据库，用来说明我的自有宇宙内可以换钱的是什么。我认为，对于每个私有宇宙来讲，能换钱的东西肯定不同，在其他宇宙被称为资产的东西也许在我的宇宙里

根本不会被承认。

这个对应表应该不是个人能创建的，资产与货币的兑换值也不是个人能控制的。对应表一定在国家公链的根服务器里，个人使用或创建，只能在**国家公链资产名录**[1]中做减法生成自己的私有资产名录，不能添加和更改名录内的内容。

在获得我的私有宇宙资产表名录后，我将开启我的私有宇宙智能合约的中国链资产注册接口，允许宇宙内的所有的区块填写自己的区块信用来生成我们共同认可的中国链私有宇宙（数据）资产。

在这个中国链私有宇宙资产表诞生之初，我们将共同承受它的无序并开始创建它的有序算法，同时向根服务器传递各种运算结果，在更大的范围内验证中国链私有宇宙（数据）资产的有序性，同时引入公链的 AI，让中国链私有宇宙（数据）资产有序部分能够进入公链运转体系并为我们的宇宙创造更大的共产流。

共产不是共有

我曾一度把共产和共有混淆。

本书一开始讨论“公”与“私”的问题上就描述过，在智能合约的章节中也表明了相应的结论，但在设计中国链资产时仍要强调，以免产生不可控的崩塌。

所有的中国链私有宇宙（数据）资产均有一个归属，即都是私有的。拥有者可以随意操控其在合法的范畴内完成自己认知的资产增值。参与合伙的资产如果在智能合约里签署了某些合伙认可的违约条款，也可在合伙过程中跳出合伙。

共产是指一组私有资产在某个时间片段内的合伙行为。即使是共

[1] “国家公链资产名录”的剖析，在即将出版的《中国链数据资产及数据货币》中有展开的讨论。

产期间，合伙资产也不是共有的，这个限定甚至超过现有的企业合伙的限定范畴。在目前的企业合伙模式中，一旦投入资产就很难撤出，这是一种很大的资源浪费。中国链共产流破除了这个规则，让合伙容易达成也容易解散。

我们一起来看**中国链私有宇宙（数据）资产**的几个有趣案例。

案例一　破除写字楼和朝九晚五

在我的宇宙里：

私人 TOKEN_01= 劳动力 + 计算机 + 家庭网络 + 家

我的私有宇宙中承认你的工作和你的工作配件与空间是一个中国链私有宇宙（数据）资产，你可以用它们参与产业任何一个合伙，甚至可以用来锁定上亿资源。

重温一下中国链定义——多中心化、自由基加密合伙模式，就可理解这个中国链私有宇宙（数据）资产成立的合理性。

倘若你的劳动力和生产资料不能作为中国链私有宇宙（数据）资产输出，那企业如何消失，要 AI 有什么用，国家公链囤积的超级奇点赋又能给谁。

这个资产设定并非否定群体化办公，而是向整个经济系统大力输出“个体资产的能动性”。如此看来，朝九晚五、早晚高峰、写字楼办公是阻挡创造消费乃至阻止共产流消费的最大成本。我每天坐在写字楼里不知道创造了什么，但是能拿到报酬，我卖的是什么？是工作能力吗？那为什么在同样的工作能力输出情况下，有的公司不赚钱呢？公司不赚钱，拿我同等的付出是不是就赔了？同一行业，同样的事，同样的系统技术，真的和我的工作输出有很大关系吗？

其实并不大，工作输出于我只是糊口。中国链私有宇宙（数据）资产让大家别想着只是糊口，也别想着能一步登天，而是要跟着国家公链用自己的时间和能力作为投资，做更赚钱的事。同一个梦想，同一片蓝天，以我的水平仅能如此理解。

案例二

现在想吃点好的可不是件容易的事情。一来贵，二来即使贵还不一定好。

在我的中国链私有宇宙中，有这样一个设定：

绿水青山 TOKEN_01 = 允许锁定购买政府背书的农副产品 + 私有区块信用

这个设定代表我可以在政府背书的好地方——无污染的绿水青山，种植、养殖我想吃的农副产品[1]。这样做的条件是，必须提供至少一个被智能合约认可的区块信用。

这是一个“福利 + 激励”型中国链私有宇宙（数据）资产，它同时给我提供了一个“期权”，假设我的区块信用产生了很好的拓扑，导致我的绿水青山 TOKEN 资产超出自己消费的极限，我就可以按市场价向中国链以外的市场出售带有政府背书的农副产品或将其投放中国链以内的中国链私有宇宙（数据）资产投资板块。

该项资产设定将极大地促进我的创造力，同时大大提升我的私人品牌。该设定并不单纯属于个人的考虑，其深远性涉及扶贫攻坚、环保、政府新经济产业构建等数个宏观层面的产能输出。

区块信用

类似的中国链私有宇宙（数据）资产案例不胜枚举，这里我要强调的是区块信用的边界。

区块信用是区块写在智能合约中的计划和结果的一个算法，同时它还与国家公链区块信用数据库连接，私有宇宙的区块信用级别将大于等于国家公链信用。也就是说，私有宇宙对区块信用的要求会更

[1] 关于种植、养殖的细节，后续章节有展开性论述。

严格。

我将自己的区块信用设定成一份可以按计划实施的商业计划书，随着产业的升级、国家公链的升级，区块信用的内容和算法都会不断发生变化。

在国控开关的调控下，区块信用表现出强大的限制力，一些不需要的信用内容可能会在任何时段被关闭而且不用与中国链私有宇宙（数据）资产主体商议。这些被关闭的中国链私有宇宙（数据）资产不一定是因为违法，也有可能是因为低效。

这是中国链私有宇宙（数据）资产的一个共产性特点。在大多数时间，个体根本感觉不到任何信用关闭指令，因为信用内的资源部分、商业部分可能会被转接到其他模块，在个体看来这仅仅是一种资产被优化的 AI 行为。

从资产到数据资产，再到中国链资产，中国链一直在寻求一个国进民进的通道，至少在某些领域实现民和国共进。从宏观分析，国进民退和国退民进都是国家发展战略的暂态时段，最终一定是归于国进民进。

当资产、国家、经济在一个维度内以创造共同价值为标尺，那么，在这个维度内的区块、国家公链和新经济一定在同一个矢量方向上成长，这种成长会让藏富于民或藏富于国的论述失去论据。

富和贫，宏观上是一种经济速率的描述，国和民一定是同富同贫。

第十三章

百城百链计划（三）

城市与区块的共生模式

“从我看出去，我是中心；而别人看我，我是合伙。”这就是中国链希望表达的一种“相对心态”。

我回头审视我曾经设想的城市新经济生态园。

整个计划还需要安装两个核心部件，才能完成其作为某种“上帝规则”在私有宇宙的运转，或者说“会有一种真实的生态出现”。这要从宏观和微观两个角度进行探讨。

宏观层面是政府层面。

政府安装中国链私有宇宙实例——城市新经济生态园的目的是什么？我认为，现阶段的目的是为了求变，这种变是一种大方向已经确定但实际情况未知的变化，学术的说法是在尝试某个收敛内的无序。

客观地分析，政府一直都在寻找一个既收敛又有序的经济构建模式。改革开放四十年巨大的收获之一，就是在改革的方向上不断产生可以持续发展的有序，进而使中国经济以一个“非常规型规律”成长，很多方面都突破了传统经济学的阈值。

而在以“第六脏器”为节点的全球化模式规范创建时代（2018—2020年），技术的战场未分胜负之际，中国链模式异军突起。各级政府都开始构建新经济模型，从商业层面分析，中国链的诞生是中国新经济趋势所致。

中国链模式设计之初，瞄准的是城市新经济发展的两个无序。

无序一：新经济产业中的生产关系没有规范的定义

无序二：城市居民在新经济的状态没有定义

从历史沿革角度看，每次地方政府出现这种无序的时候，都意味着将有比较大的洗牌和商业机遇。在这种洪流中，不管处在哪个区域，都会发展得很快。例如，中国出现房地产市场后，货币资产没有集中到按部就班成长的人群中，而是出现了很多非常态的货币囤积者。

那么，这一次，“新经济”会出现怎样的生产关系，城市的居民会形成怎样的价值观和消费观？

由至今存在的几个限定可以给出一些方向性提示。

提示一：环保

提示二：去产能、去债务

提示三：去杠杆

提示四：脱贫

还有一些类似的信号持续不断地出现。这些信号都是相对温和的信号，表现出政府对新经济的构建很有耐心。我认为，这些信号的方向可能是：不能再围绕地产、金融、重资产投资来构建未来 5 年的经济发展基石。

不支持的方向明确了，那支持什么呢？没有提及。

新经济面前，人人机会均等，谁能够构建出合理的生产关系，谁就可以获得新经济牌照，成为时代的弄潮儿。

从对待“区块链”的态度上，可以看出一些变化：不需要完整，但一定要创新。虽然互联网“裸奔”带来维稳成本，但政府依然鼓励“以互联网成长模式发展新经济”，这表明，政府从互联网的发展中看到了未来趋势。互联网仅是一个开始，真正的巨变即将到来。

构建多核多进程 CPU 的信号越来越明显，创建新的高速路、创造多维度的通道成为宏观层面的共识。这种突破预示着一种触及思维底线的升级已经来临。

新经济，是“升维”的开始。

微观层面是个体。

个体无序是阻碍社会进步的最大障碍。

但是有一个事实令人深思：所有的个体无序行为，大多是因为一个或几个简单的有序而产生的。这个现象说明人在观察目标时主观意识十分强大，如果新经济能够找到一个方式让其居民的主观意识或认知与新经济发展向一个方向收敛，那么新经济将会创造一个由现代化技术系统控制的“类似原始社会的协作模式”。

利用互联网传统盈利模式获得政府赋能的中国链私有宇宙实例——城市新经济生态园，是利用中国链的多中心、合伙模式将个体新经济和城市新经济连接在一起，生成一个向相同方向收敛的新经济曲线或曲面。我暂且把这种模式称为“城市与区块的共生模式”。

这个定义首先排除了“所有人均可以享受新经济福利”的传统设定，而是约定只有区块才能够和政府新经济共生，政府要为区块提供生存空间并具备区块成长所需要的养分，只有具备区块基因的居民才能汲取该养分茁壮成长。这和“第六脏器”不同，也和互联网不同，共同生产是一种更高级的生活模式，需要个体主动性的构建而不是利用“消费模式”让其贡献货币。

将城市新经济生态园需增加接口以实现政府与区块共生。

【第一个接口是宏观接口：新经济城市群接口】

```
Include China-ChainDataBase.china-chain ;
Include Interface.china-chain ;
class MyCityInterface extend City
{
    CityGroup myCityGroup = father.createGroup ( “都江堰” ) ;
}
```

该接口用于“打破城市边界”，将城市全球化。这是国家公链奇点赋能后产生的一个必然结果。城市资源在奇点之前是国家公链能量的一部分，在奇点之后成为一个能量实体（类似恒星）[1]，而我的私有宇

[1] 此处的前后是相对时间顺序。

宙（类似地球）需要和恒星连接起来共同创造生存环境。由于我的目标是全球化，所以城市将跟随我全球化（即以我为中心）。

我为城市安装了“新经济城市群接口”，接口建设也由我来设计、施工和运营，城市不需要做任何改造就能实现中国链新经济城市群业务。业务收益主要表现为资源共享、劳动力共享、（广义）税收，及中国链合伙收益。

当奇点赋能“100座城市连接的城市网”的互联网用户、进口贸易购买力、电游、教育、人力资源孵化平台和城市PAY后，每一个城市的新经济生态园就成为私有宇宙的成长温床，每一个城市都成为一个全球的共产流引擎加油站，一次接入覆盖全球。

城市也因为与私有宇宙对接，获得新经济模型设计的人力资源、生产关系和收入模式，而且这种获取不需要城市投入基础资源，也不需要城市具备高级别的技术硬件或人才储备。

但是，如果中国链的城市新经济生态园将北京和都江堰的某些先天差距抹平，这就不是一种中国链思维了。正确的思维模式应该是：

我的都江堰城市新经济生态园 = 北京 + 都江堰

【第二个接口也是宏观接口：城市智能合约接口】

```
Include China-ChainDataBase.china-chain ;
Include Interface.china-chain ;
class MyCityInterface extend City
{
    CityGroup myCityGroup = father.createGroup ( “都江堰” ) ;
    CitySmartContract mySmartContract =
              father.createSmartContract ( “都江堰” ) ;
}
```

该接口会向中国链根服务器申请一个**都江堰云操作系统实例**[1]，标志着都江堰已经具备了**中国链拓扑**。

有了这个接口，我可以在都江堰接受区块进驻我的私有宇宙，并生成自己的新经济业态。这个接口和城市传统经济招商的功能类似，但主体变了：招募者变成了我，招募对象变成了区块。

原有的传统经济（包括互联网产业）都有“城市边界”的思想，或者说有“不落地不纳税”的成规，导致区域发展受到区位和资源的影响，以致出现不均衡现象。

中国链所建设的新经济模型，在创立之初就没有设立“城市（私有宇宙）边界”，而是利用共产流模式，通过一个多进程多核 CPU 完成区域的发展模型构建。也就是说，区域的发展和国家公链的某个“空闲进程相连”即可获得发展所需的生产资料，不必再“等待资源的单进程空闲状态”。

【第三个接口是微观的：私有智能合约接口】

这个接口会和城市智能合约对接，形成城市与区块的共生关系。

当这个接口内的属性设置和功能描述被城市智能合约接口承认后，区块便可以获得一个都江堰共产牌照（CITYTOKEN）。

对一个区块来讲，其可以挂接 100 座城市，获得 100 个牌照；对城市来讲，可以接纳所有区块，而不用管它在多少城市申请牌照。

这就是多进程多核 CPU 的“超级价值”。它把一座城市可开发的所有业态，拆分成不同的进程，通过多个运算内核（私有宇宙）处理，并完成智能合约内的诉求。做一个形象的类比：监利县的一只小龙虾，在被吃掉前很可能被 100 个私有宇宙锁定并完成某个产品构建或者节点拓扑，在被吃掉的一瞬间 100 个进程同时结束智能合约的诉求并完成分配。这里小龙虾被吃是传统经济，100 个进程产生的中国链数据资

[1] 关于中国链云操作系统的模式设计和扩展设计，可参阅即将出版的《中国链云操作系统重构框架》。

产的共产流和区块赋能是新经济。这种模型是维度的升级，不是单进程提速。

【第四个接口是宏观和微观的：中国链数据资产接口】

```
Include China-ChainDataBase.china-chain ;
Include Interface.china-chain ;
class MyCityInterface extend City
{
    CityGroup myCityGroup = father.createGroup ( “都江堰” ) ;
    CitySmartContract mySmartContract =
            father.createSmartContract ( “都江堰” ) ;
    SmartValue mySmartValue =father.createSmartValue ( “都江堰” ) ;
}
```

中国链数据资产和传统经济的“商品 + 货币”类似，但是具备更广泛的属性，最重要的属性是共产流属性。

这个接口的功能在于将静态的商品 + 货币通过私有宇宙内的区块赋能，使其在“多个维度同时流动”，进而在所有的时间微分片段上均有可分配的收益产生。这是传统经济或单进程 CPU 无法做到的。商品的生产过程是一种排队，货币结算也是一种排队，货币分配是一个排队的结束，并诞生更多的货币排队。

中国链 AI 的核心算法就是解决排队问题，其使用中国链数据资产这种可以携带更多“握手信息”的资产形态，让其寻找不排队的进程处理其资产流动需求。

该接口之所以说是宏观与微观共有，是因为在这个层面城市和区块是被打包在一个资产内的合伙人，他们目标一致（即“有序”），这是 CPU 处理进程的必要条件。

以上的接口设计完成了区块与城市的共生形态，政府不需要在新经济上投入“传统经济成本”，新经济的新成本来自意识形态，只要利用互联网解读国家的宏观诉求，即可搭建出一个覆盖全球的新经济生态园，剩下的事情由全球的区块解决。

城市分配的根源来自国家公链投资，这种模式消除了地方资源的优劣之分，所有的资源均由国家公链优化并通过私有宇宙锁定产生一个全球化的投资空间。

绿水青山就是金山银山，就是如此！

第十四章

关于“链”

最近各种稀奇古怪的思想在我头脑中不断涌现，难道中国链是某种催眠密码，把我带入亢奋的状态，利用我的脑子计算一个复杂的方程，但是它会支付我 Bitcoin 吗？

胡思乱想的我此时在宁夏中卫的 Orion 茶馆里，观看着金沙岛自然保护区的“大漠孤烟直”。这次我不是在等一个人，而是在等一个消息。

等待中，巴西花梨木茶桌的茶碗引起了我注意，德化白瓷，没有图案，在靠近杯底的地方印着“2118”。

一个略带异族风情的姑娘捧着托盘向我走来，在我面前停下，缓缓放下木质托盘，没有一丝声响。我的眼光被托盘上的一个白色信封吸引。

消息来了！信封右下角有“鸿儒会”三个隶书字样。

我的心莫名抽紧，那是一种不能自控的兴奋和紧张交织出的心理反应。我嘬着嘴，环顾四周，学着特工的神情审视小小的茶室。虽然没人喝彩，但是我却有一点大人物的满足感。

我打开信件，饶有兴趣地阅读起来。

区块链也好，中国链也好，归根结底，都是希望在现有的技术形态下培植出一个“概念”，而后由这个“概念”衍生出“生态”。

从本质上讲，中国链比区块链更“实例化”，或者说，“中国”二字已经限定了其实例化的属性边界。

各个国家都可以以自己为中心创建一个国家公链，而后大家连接起来，如 A 国链 + 中国链 +B 国链 +F 国链，等等。这就会出现一个单一国家不能产生的新业态，在中国这种新业态统称为“新经济”。

百城百链也好，百人百链也罢，或者是百国百链，都是在技术已经发展到近乎不可控的状态下出现的一种新拐点。

这个事情每个国家的百姓都可以做，都可以以自己为中心创建私有宇宙，通过一组根服务器链接世界，通过数据资产产生共产流，进而达到（经济）共同成长。

链模式和“援助”有根本的区别。国家公链的链接，不是两个国家之间的交易，而是两个国家之间的共产。在中国链的根服务器的设计里，两个来自不同公链区块的链接，很可能产生大于现有进出口贸易形态的共产流，通过区块赋能的流动，两个国家的资源会在某个进程内共同生产一组全球化的产品或区块链节点。

例如，建立小龙虾链接的某个中国链游戏，很可能在其走向消亡的途中到其他国家转一圈，从而产生某种跨国的共产流。

这就是我心中中国链的链功能。

在我看来，中本聪的“联合运算小游戏”是一个非常棒的链模式解读。

游戏设定一：只要有电脑，装个程序就可进入全球的一个超算游戏，然后贡献你的（第六脏器）运算力，不论贫贱与富贵，不论何种身份职业，不论你身处何地，在这个超算游戏中，都是一样。

游戏设定二：每次分配给你任务就会给你回报——一种加密虚拟币，和游戏币类似，亦即目前风起云涌的 Bitcoin。虽然比特币的炒作手法类似炒普洱茶、君子兰、燕窝等，但是其成本低、效果好、利润高！

中本聪小游戏向我们揭示了一种全球分布式资源联合运营的模式，如果我们把这种模式公认为：

区块 链

则中本聪沙盒是目前链的最好实例教程，也是我的私有宇宙链接百城乃至链接世界的标准实验室手册。

虽然在最终的国家公链时代来临后，中本聪沙盒有可能会被比特币炒作者抛弃，但是它的设计者不会因此受到伤害，这就表现出这个或这组区块链设计者的能力异于常人。而且我推断，真正的区块链设计者在放出中本聪沙盒的时候，并没有计算到比特币的混沌序列，但是他们仍然做了严格的防火墙保护最终的 A 国链。

延续这个分析，我开始试着设计中国链的链。

我想先把链和“教育”连接起来。这个设定既“继承了中本聪沙盒”的设计原理，又能够在某个“可视”方向做测试。

之前的私有宇宙设计，都是针对现有社会的减法设计，即要求微观有序而不是宏观控制收敛方向，微观的力量有一部分聚集在收敛边界上并产生抗拒收敛的现象。

所以，链的第一步就是“教育微观向宏观收敛的方向上用力”，并对宏观的收敛产生加速影响。

这种“教育”模式，可沿袭中本聪沙盒的 Bitcoin 模式，内容可换成国家公链区块牌照。

这类教育可以看成是某种形而上的教育，润物细无声的、不分年龄、不分受教育层次，就如货币在大家脑海中形成的意识一样，数据资产也会在国家公链的引导下成为人们的“常识性”认知。

链产生的收敛性教育，和改革开放初期货币产生的收敛性教育类似，只是目前还不能推断宏观链在收敛到一定程度后微观个体是否会产生希望击穿收敛边界的反向力。至少目前以我的知识水准，还看不出有斥力的表现。

今天的链和改革开放初期的“不管黑猫白猫，抓住耗子就是好猫”的教育方向也很类似，和“允许一部分人先富起来”有异曲同工之妙。

国家倡导“先富带后富，达到共同富裕”，表明一个教育阶段的结束和一个新教育阶段的开始。

链所创造的是财富总量的提升，所以一定会形成普适性“富裕”。同时，链并不允许所有人一窝蜂地上，而是少部分人先获得区块赋能的权利运用数据资产创造共产流。货币的地位没有发生改变，但是一种新的、更高层次的“私人品牌标杆”被树立起来，“有钱被尊敬”的时代又轮回了。

链不能总是形而上，需要在实例中展示它的威力。链的宏观实例是国家公链的链接。我想这是世界国家联合发展的一个新通道，所有国家的资源可以通过某类中国链根服务形成一个国家公链赋能拓扑，任何一个私有宇宙均可以在自己的宇宙奇点选择“需要几个国家的公链进行赋能”。这里一定不是“全选”最棒，因为你选了几个国家公链，就要为这些国家公链付出区块赋能，不管你是否使用这些国家的资源。所以建议在选择国家公链的时候要谨慎，恰到好处即可，这考验你的**链设计**能力[1]。

国家公链的链接并不一定需要政府直接干预。中国除外，因为中国国家公链必须是政府，这由体制决定。私有制国家的国家公链可以很灵活地出现，但效率较低，需要根服务器来协调。

我建议，由联合国做一个共产套件，将私有制国家的国家公链通过联合国转换成一种直接针对其国家政府签订智能合约的公链形态。

其程序代码可以是：

【联合国】【国家名】【公链】

例如，【联合国】【加拿大】【公链】

经过这个套件，任何国家的政府均可以在体制不变的情况下形成共产流，而其发起国家公链的私有资源群组可以直接向联合国的智能合约接口申请生成国家公链，或者扩展已有的国家公链，由一个智能合约接口完成广义税收分配。

这种做法，不但能解决国家公链的生成与平等合作问题，同时还能顺畅地解决企业或区块在其他国家开设分支机构的问题，也就是私有链的拓扑可以很容易地覆盖全球而不受过多的物理限制，这仅需要一个公平的分配根服务系统。

我认为，中国“一带一路”和“人类命运共同体”的宏观设定，至少给出了国家公链套件的一个模型设计思路。

在奇点之后的链称为私有链。它形态很复杂，但定义很简单。一个私有链实例就是一个**自由基加密合伙智能合约**。

---

[1] 关于链设计模式，在即将出版的《中国链根服务系统》中有设计模型举例。

我的私有链目前设定在同一张智能合约内仅允许两方进行握手，如有多方参与则需要设计一个“握手顺序”。握手顺序的设计是一门大学问[1]，因为不同的顺序将衍生完全不同的拓扑，产生完全不同的静态废弃事件、诞生不同的产品溢价，甚至对整个共产流的流速有影响。其实顺序设计是由 AI 操作，你只需要开放握手接口。

但很多时候，我们依然选择手动调整握手顺序，也就是将智能合约的握手接口的对方写在智能合约里。这种人工设定，在一个私有宇宙的初创期是必要的。

对普通人来讲，他的有序观念是“我认为是对的”，在中国链多中心的前提下，这种观念是继承国家公链的底层制约后的最高权限，所以，私有宇宙按照创造者的意愿进行握手设计是创造者的权利，开放给 AI 设计握手规则是设计者可选的服务。

以上的设定给出链的一个“意识层面上的功能”，传播“区块赋能速率”。也就是说，不断告知一个区块节点什么是赚钱的，这是一种“教育”，但更多的是信息对称的一种表现形态。

现实社会中，宏观极其希望信息对称，但微观抗拒信息对称，尤其在单进程的产业中寡头最不愿意信息对称。因此，国家希望不断地把钱分出去让更多的人花钱，而寡头希望所有的钱都由他一个人花。这是不可调和的矛盾，最终结果依赖于宏观层面调控的战略。

但是链的功能让宏观与微观在花钱上得到统一，当每个人都有花不完的钱时[2]，就会想做慈善、想为民谋福，甚至想比较谁花得更精彩。

这是链带来的思想境界的差别，当人人都是寡头，当花钱成为工作，那么中国链的先进工作者的评选就是谁花的钱最多！

链设计被归结为花钱模式，是共产经济的特色。实际上，这种工

[1] 相关设计模式，在即将出版的《中国链根服务系统》中有举例。

[2] 钱携带“被花在哪”的属性后，任何人均可获得大量这种受限货币，该原理分析在即将出版的《中国链数据资产及数据货币》中有论述。

作强度比现在更大，但要比现在更“过瘾”。

你按每斤 20 元锁定了 10 000 斤小龙虾，当你的链做到了以下结果：

结果一：免费吃虾

结果二：养虾人比平时多挣一倍

结果三：至少有三个产业获得数据资产

结果四：你的 20 万元变成了 40 万元

结果五：用了 3 个月

那么，你的 20 万元投资在共产流里被使用了 200 次，获得 5 万元的分红。

你的私有宇宙就是一个“及格的中国链私有宇宙”了。

到现在为止，我开始明白中国区块链开放定义中的“开放”二字的含义，区块和链，均不是一个“封闭”的定义。我们把它们当成封闭的是一种唯物主义的表现，是“薛定谔的猫”的实例，但一旦坍塌，区块和链将无法满足“多中心化”的设定，因为每个人的相对性已经不能叠加。对区块和链的理解将变成死板的学习过程，可任何一个伟大的成功，必须叠加成功者的私有属性。

所以，中国链在定义中保留了“唯心”的设定，且允许以继承的方式重定义。区块也好，链也好，我的理解不能代表所有人的理解，我所构建的宇宙性状也不能代表标准性状。这个设定适合所有的中国链私有宇宙的设计师。

在这种设定下，链将具备无穷的复杂性，这标志着关于链的根服务也有无穷的复杂性。但是，一个链是否能存活，却只有一个判断标准：

至少有一个智能合约与该链握手

也就是说，一个链只要还有一个人认为它是有价值的，就有活下去的必要性。

从这个角度看，链更像是一种“公平的体现”，只要在一个法度内创造性地工作，哪怕全宇宙只有一个欣赏你的人，你的创造也会茁壮成长起来。

第十五章

中国链云

中卫。

湛蓝的天空下，极目不见尽头的戈壁上一大片 IDC 机房映入了我的眼帘。中国中关村西部云基地，中国的凤凰城。

我在背阴的地方坐下，欣赏着自然和人类共同打造的绮丽景观，耳边似乎回响着海量的数据流过处理器的声音。

远处的山峰，让我想起了巴别塔。

云计算。

首先，“云”这个称谓让人不理解，我总觉得还是“分布式联合运算”更实在。在我看来，云计算是用一组电脑来计算，它比一台电脑更快且运算规模更大。大概是文艺的程序员给这种联网运算技术起了一个诗一般的名字——“云”，之后“彩云漫天”，如云溪大会。

迄今为止，云计算和中本聪区块链一样都是资本游戏的标签，多用于某大会的 PPT 中，标示讲演的人是名大家。

说到这里，我明白“云计算”不是用来明白的，因为它还没有找到必须明白才能赚钱的通道。这种情况在计算机出现后屡见不鲜，其实都是“软件惹的祸”，就如汽车无论怎样变化也是四个轮子跑却说汽车有了超越性进步一样。如果哪天汽车不用轮子能在半空中飞驰并还卖如今的价格，那才是汽车真的进步了；云计算也一样，哪天真的不再使用软件模式提供服务了，那么“云”才真的诞生了。

“分布式联合运算”的真正时代，我认为应该是云操作系统时代。当 5G 到来，或者当网络传输数据的速率和目前一个 PC 的内外存传输数据的速率一致了，原始的“第六脏器”的消亡就会迅速来临。

单设备的操作系统，也就是现今的“二进制代码与人类行为的翻译平台”会退出历史舞台，一个更强大的翻译系统——**云操作系统**，将会登场亮相。然后很多现有的世界观就会崩塌，一组新的秩序将会建立。

现在要做成“百年老店”很难，而且在中国链系统中并没必要存在百年老店，我们需要的是百年以上稳定的体制来承担信用。

云操作系统，大概是区块信用的运营内核，虽然现在云操作系统还没有面世。“云操作”不如“量子计算机”传播得广泛，主要原因不是技术，而是“模式”还没找到，或是“蛋糕怎么切”的协议还未达成。

对中国链来讲，云操作系统存不存在，或能不能立即由云操作系统来提供服务，完全不重要。重要的是：

我要创造云操作系统，创造中国链云操作系统。

中国链的多中心化模式，不能浮于表面的“我是中心”，而应真正从“中心的角度去思考”。

引用前文的一个结论来承上启下：

中国链可以让寡头的数量增多，形成寡头的壁垒急剧减少，将寡头责任归还给国家公链处理。

这个设定的核心是：中国链的每一个中心都要从“寡头的高度”去看待自己的行为。

既然这样，那么所谓的云操作系统必然由我创造。

中国链私有云操作系统

首先，我的云操作系统一定是国家公链云操作系统的一部分，并且继承了国家公链云操作系统的核心接口。

```
Include NationCloudOperateSystem.china-chain ;
Include China-ChainDataBase.china-chain ;
class MyCloudOperateSystem extend NationInterface
{
    CloudOperateSystem myCloudOperateSystem =
            father.createCloudOperateSystem ( “封神” ) ;
    public China-ChainDataBase
```

```
            getCloudOperateSystemDataBast（    ）
    {
            return myCloudOperateSystem.dataBase ；
    }
}
```

接着，我将创造我的世界脚本，或是创造我的世界规则。我的私有宇宙移民均会使用该套脚本来编写“在我的私有宇宙内的行为”。

```
class MyRule
{
    MyLangrage
    MyNameSpace
    MyLow
    ……
}
```

再者，我要创造我的数据货币体系，当然它也是继承于国家法币或国家数据货币定义的。

```
Include NationCloudOperateSystem.china-chain ；
Include China-ChainDataBase.china-chain ；
class MyCloudOperateSystem extend NationInterface
{
    CloudOperateSystem myCloudOperateSystem =
            father.createCloudOperateSystem(“封神”)；
    public China-ChainDataBase
            getCloudOperateSystemDataBast（    ）
    {
            return myCloudOperateSystem.dataBase ；
    }
```

```
    public NationValue
            getMyValue（    ）
    {
            return myCloudOperateSystem.nationValue；
    }


}
```

数据货币系统会相对负责，因为我必须编写一组更适合我的宇宙收敛曲线的属性和方法，并生成一个足够健壮的接口允许我宇宙内的区块继承。这里有一个递归的理念，也就是“一个宇宙的数据货币属性被继承多少层后将返回一个极限值”，这应该是一个 AI：

```
Interface ValueAI extend NationAI
{
    Listener myValueAIListen = father.getListener（“VALUE”）；
    myValueAIListen.createPara（    ）；
    myValueAIListen.anylessForValue（    ）；
}
```

我暂时还不能给出 AI 的私有细节，只能先放个侦听器，让其利用区块的继承脚本生成数据、生成自己的动态属性表，当然也会有一个“NationSmartContrct（   ）”生成，用以调用国家云操作系统的 AI 模块获取宏观共产流的相关参数，当 AI 的动态属性表趋于稳定并能够和宏观共产流产生**同频共振**[1]时，侦听器会返回一个极限值，在相应的区块链拓扑内生成稳定的数据货币稳定频率。至此，AI 关闭私有宇宙的数据货币属性扩展开关。

这个开关不会永久关闭，当私有宇宙的数据货币的振动频率与国

---

[1] “同频共振”参数，可参阅即将出版的《中国链根服务系统》《中国链数据资产及数据货币》。

家公链不符而发生解裂时，属性扩展开关将被重新打开，继续允许区块调整属性的性状。

私有宇宙的数据货币属性在未来会有更加智慧的描述，我目前对其的理解是：让货币携带公平的发展信息，包括国家公链、其他区块和链的信息，同时利用 AI 和“自我的唯心判断”，生成已锁定私有数据资产的形态。

“利用自己的货币经过某个非共享信息形成的增量，并变成自我炫耀的资本，这种行为是可耻的。”“如果囤积了大量这样的货币，由于不知道怎样花而胡乱花，是可耻 + 愚蠢的。”[1]

紧接着，我要做一个共产流接口来连接城市新经济生态园。尽管我一直用“伪代码”来描述私有宇宙的中国链云操作系统，其实云操作系统在理论上并不需要代码。

这其实是一种轮回。我们总认为 Windows、IOS、Linux、Unix、macOS、Android 是操作系统，因而认为云操作系统也应该是那个模样，这是错误的认知。世界上最大功率的操作系统是国家机器，前面提及的那些操作系统充其量只是“代码翻译平台而已”，Code is Law 的核心是信用，仅是国家机器解决 f（公）的工具而已。

云操作系统是国家公链操作系统，它会用到类似现有的云分布式算法和硬件体系，但绝不等于现在的“云计算”，甚至与现在的“云计算”毫无瓜葛。这是一个思想维度问题，虽然很难一下子超越，但还是要努力跳出“前三代的标靶病毒所造成的脑部灼伤”。

私有宇宙、云操作系统、城市新经济生态园接口，都是用来完成各种区块智能合约实例生成的，类似于在手机上安装 APP。

最后，是“并网发电”，并向中国链根服务器申请资源。我需要获得一份国家公链并网许可证，标明我的私有宇宙云操作系统可以作为国家公链云操作系统的子集执行某些“操作系统级别”的服务。而发

[1] 这是我个人的一个想法。

放此许可证的城市政府将会因此获得我的私有宇宙内区块赋能产生的广义税收。

并网实现了我的私有宇宙全球化的物理链接，一旦我并网成功即可按规则使用所有国家公链内的资源和服务，只要国家公链的触角所能达到的地方，我就能在同一时间进驻并“ER（扩展现实）”到我的宇宙生成我的私有数据资产脚本，向所有的拓扑节点提供“封神素材”。

我看到，从 Windows 或是 DOS 开始，所有的“操作系统”都表现出一种“寡头”的劣根思维：

我要创造一个比别人强的、完全属于我的、可以让全世界臣服的控制级产品。

不是说这种思维不好。反而这是种不错的思维，它在人类文明发展史上一直存在并创造很多传奇。我之所以说它是一种劣根思维或是贫困者思维，是因为在这种思维下很多工作一直没必要地重复，也就是“寡头”越“寡”从事重复劳作的人就越多，这是一种极端的浪费。

我更欣赏共产经济，国家机器应负起更大的责任，尤其在成本调控端。我认为，新经济的红利首先会来自维度的提升，而后是成本的控制，接下来才是产品的交易。

维度的提升就是“操作系统”的提升，多进程多核 CPU+ 国家公链云操作系统会让一个国家的经济不再为增长的方向发愁。

作为个体来讲，要学会简化思维和信息对等思维，云操作系统是一个分布式的工程，每个区块都是建造者和受益者。

中国链的国家公链奇点赋能其实就是一种云操作系统的实例接口展现，也就是，云操作系统已经是一个存在的系统，不需要再设计和编写代码，遍布全国的云基地、目前的装机容量，足够区块们生成自己的私有宇宙云操作系统所需的“流通资源”，基础硬件都不需要再重复准备，百城百链的开启标志着云操作系统已经运转并产生一个共产流频率，而且目前的频谱很宽，容易产生共振，私有宇宙找到一个共振频率和上山采到一个蘑菇一样容易。

中国链云操作系统和中国链的定义一样，没有定义在技术层而是定义在模式上。这也是国家和企业的核心差别。

在优质体制内的企业主，不需要沿用低级模式，完全可以在更高级的模式内发挥聪明才智。从“企业”到区块，从“独立经营思维”到云操作系统，从无序创造到国家公链，社会一定是朝着更高效发展。

我离开中卫，在我拥有了私有宇宙的云操作系统后。我突然感觉到自己拥有了百万雄师，不再惧怕任何一个世界级寡头，当然我依然很尊重他们。我将在国家公链的接口里生活得更幸福、更自信，自信到我可以比肩比尔·盖茨，创造推动时代前进的中国链云操作系统。

第十六章

中国链根服务器

我一直在思考。

IPV4、IPV6，甚至 IPV9，除了地址容量提升外还有什么其他层面的升级。在我看来，IP 既然是个地址，倘若不够就扩一个 8 位，至于像个大工程一样吗？在 TCP/IP 的通信协议里加一个字节，又不是需要改写整个通信协议，有那么困难吗？即便是整个协议改写，真的有那么大工作量可言吗？

还有 IP 根服务器——一个类似电话本的东西，好像它在谁那儿谁就厉害，可以随意开关整个地球的互联网，动动指头就能让网络瘫痪。这我真的不懂，如果通信协议是非加密的，也就是说它是公开的，那电话本不就能复制吗？

IP 地址、TCP/IP、HTTP 的终端通信协议和终端操作系统组成的互联网构架，一直显得很笨拙。

再看这些组件和人类链接的接口，即“第六脏器”，其最大的特色是改变了人类的消费接口。

```
class CustomInterface  extend  TraditionalCustomInterface
{
    CustomInterfaceDevice MyDevice =
            father.getDevice( “Mobile” ) ;
}

class MyBusinessPlanForInternet extend CustomInterface
{
    PlanContent : ……
    // 我要做一个让所有人都在手机上购买的行为，用来卖流量、
    挣差价、做互联网金融，而后融资、卖给 BATXJ、接近寡头，
    挣到一个亿后退出。
}
```

从单进程的经济结构看，IP 根服务和“第六脏器”并没有创造新的并行进程，而是将原有的进程排序方式作了改变。只是修改了一下，改得是好是坏目前不得而知，如果 50 年内不发生特大事故说明改得还算好。

从中国的新经济发展设定看，至少中国在设计双进程经济结构——传统经济和新经济，这是一个维度变化。说简单点，是让一个动作赚两份钱：一份是传统经济的，一份是新经济的；一份在企业，一份在区块。虽然前文说“私有宇宙中没有企业只有区块”，但在 2018—2020 年，企业为个体带来的收入并不能忽视。甚至在未来，共产经济大行其道、国家链主导世界新经济的根服务，还会有很多人热衷于用企业的思维来构建区块，就如现在很多人以区块链为名做互联网 SaaS 一样。

即便从国家、全球的视角（非我中心）分析，共产经济很可能会保留现有传统经济的维度而不是消灭它，彻底重建一种新的秩序可能是极大的浪费和不够文明的象征。

与其说新经济是一个和传统经济并行的进程，不如说它更像一个多进程接口。因为从相对的观察点看，在我的私有宇宙，我会认为自己就是一个进程、要独享一条 CPU 通道，相信所有的私有宇宙都有这样的想法。我从来没想到过，人类的贪婪在共产时代变成“褒义词”，即人人都想将国家资源据为己有，并想做一个和现有传统经济相媲美的经济体；在新经济多进程多核的国家公链赋能后，这种想法不但不违法，而且可以称作被鼓励的“核心思维”。

我们依然使用“第六脏器”作为接口。

```
Include china-chainBataBase.china-chain ;
Include NationPublicChain.china-chain ;
Include University.china-chain
Include City.china-chain ;
class CustomInterface  extend  TraditionalCustomInterface
```

```
{
    CustomInterfaceDevice MyDevice = father.getDevice ( “Mobile” ) ;
}
class MyBlockPlain extend CustomInterface
{
    public createUniversity ( String universityName )
    {
            // 将传统经济转换成新经济
    }
    public connectNationPublicChain( Token myToken)
    {
            createSQL( “链接根服务器数据库” )
            openMyToken ( myToken ) ;
            // 获得或创建国家公链牌照
            write ( “My SmartContract Name” ) ;
            ……
    }
}
```

从“我为中心”看，我的思维模式不再是如何吸引消费而是如何吸引共产，消费观念在这个进程内没有被私有宇宙创建。

以消费为核心的传统经济中人们的固有思维是“低买高卖”，到货币流主导经济模型后人的思想变成“钱生钱”，大家都在一个进程里获取消息、隐藏、变成壁垒赚取利润。宏观层面有些时候为了整体发展，不得不调低有序的收敛边际率，这就出现了“国进民退”或“国退民进”。

到了中国链维度，以共产为核心的新经济思维就简洁多了，人们的固有思维是“整个智能合约等着 AI 签署”。至于消费，或者说花钱，这么累的事情，交给根服务器处理就好了。

中国链根服务器，从技术上应称为多进程（线程）经济智能服务器。因此，它和传统意义的服务器有根本的区别，甚至可以说没有丝毫联系。它只是在硬件介质上会使用到目前的设备族群而已。

设计原理方面，中国链根服务器是一个共产流分配及回收服务系统，它的分配和回收的判断标准是：

Value 回收 > Value 分配

它的实现方式是分布式迭代方式，即所有私有宇宙都“立规矩”，根服务器帮助私有宇宙在其规矩下不断地优化共产流，从而使其产生一个及格的区块赋能增长边际率。

由此看出，中国链根服务器是一个多维布局，它将每一个私有宇宙看作一个维度，维度与维度之间的通信协议将由区块和 AI 联合生成且保持独特的性状。

而在所有的维度外，中国链根服务器还会另生成一个奇点赋能进程（线程），等待维度（私有宇宙）来申请握手并生成矢量性智能合约，该进程的数量、流速、赋能能量值、矢量方向均由国家公链决定（一组国控开关），这是一种“供给侧”思维。国家公链可以利用一组 AI 来完成“赋能供给侧端的各种参数设计、矢量和新经济指标等宏观内容”，正因如此，中国链改变了宏观经济几乎所有的传统定义，将在未来发生巨大的变化。

城市新经济生态园的数量，等于目前中国链根服务器架构下的奇点赋能进程（线程）数量，这个数量乘私有宇宙的数量就是目前阶段的新经济维度上限。

维度上限 = 新经济生态园数量 × 私有宇宙数量

这是一个“最简中国链根服务器”的静态容量，更大的容量需求在动态值层面，最核心的动态需求是链。一个新经济生态园和一个私有宇宙，理论上就可以生成和目前传统经济等量的 GDP，其所有的交易行为的总量就是该维度的链值下限。

在具体实施或算法编写时，我们不能如此武断地设计，不能浪费宝贵的中国链根服务内存和算力。

这里涉及一组多线程的算法。[1]

首先，做减法。非关联性属性（后续章节中展开论述）是链数据库构建的边界：只有具备非关联性属性的生产关系，才会生成链需求并沉淀成有效的算法库。这个算法库将成为私有宇宙构建的原材料，也就是说，未来构建私有宇宙越来越省心，初代私有宇宙构建者通过链根服务不断获得数据资产收益。

继承即收益将替代专利，人类共产的目标是消除没必要的壁垒和看上去合理的针对信息不对称的保护。

这种设计思路的结果是：中国链共产流越大，链的性状越统一，即生产关系越趋简单。理想的状况是所有的链都是一个性状，而所有的维度（私有宇宙）均使用一种链构建拓扑和维度链接。

我认为这是AI的终极形态。总是围绕“机器人”思维构建AI思维系统是“可耻的”，人类不需要机器人，需要的是可以解放思想的“群体智慧有序”，通俗说就是脑联网。

关于“第一个机器人公民”的说法，只是人类狭隘思想的技术体现，充其量是“好玩”而已。让“机器”替代人类工作无可厚非，但“机器人”这个词语是对机器的极不尊敬，尤其是对未来能够像人一样思考的机器。

中国链根服务器的另一个功能是智能合约服务，这是算力的核心，也是共产流的边际率增长核心。这个服务的发展规律和链十分类似，都是从复杂向简单发展，终极目标是……

是没有合约！

智能合约的存在是为了给AI提供信息对称的算法。我建议用《周

[1] 更详细的算法分析，可参阅即将出版的《中国链根服务系统》。

易》来设计智能合约的底层服务，这样会减少很多智能合约无序现象。《周易》将人类的行为关系用六十三种卦象表达，虽然变化无穷但是根部很简单，它所表达的意思是，一个人类个体的行为和诉求只有六十三种，倘若有第六十四种就是轮回。依照这个思路，做六十四种合约接口就可以，其他都是计算的事情，以现在世界计算机网络的运算量，计算根本不是问题，问题只是算法模式。

中国链根服务器是人类命运共同体建设的一个实例，它的人文情怀的体现是延长有效寿命，增加人类单位时间内的幸福感，减少感到不舒适的时间。

在我看来，中国链根服务器是所有区块消灭贪嗔痴的一个工程，至少是一个可见结果的工程。同时，我们并不放弃七情六欲，我们可以利用中国链根服务器激发更丰富的情感，因为人类的情感不是宣泄得过多，而是还有很多情感需要更多的场景来释放。例如，我的封神宇宙，我想满足人类想当神仙的愿望且不一定用修道的方式。

中国链根服务器会用到代码、会用到技术，但其根本是一种“国家的关怀”，大于所有国家福利的关怀。所有的经济形态都不是终极形态，类似保险、工作、退休、养老、教育等看似正常的“过日子”，都是现有的根服务算法的实例。

无论过去还是现在，都有根服务器提供生存的服务，这种服务一直伴随着人类的发展成长。

共产模式的根服务，也不一定就是终极根服务模式，但其建设的信息对等、资源共享、万脑联网的人类命运共同体体系，肯定是一种先进的根服务模式。

中国链在更广域的范围内或是在更收敛的象限内定义着“一个生存环境”。从国家公链、城市新经济生态园、区块、链、数据资产，直到中国链根服务，它的系统越来越趋于简单化。它简化了人类获取资源的思维路线，简化了人与人之间生产关系的构建过程，简化了生存到自我价值实现的模式。中国链根服务器正在突破人类创造奇迹的壁垒。

“人人都可以一出生就创造奇迹”，这是中国链根服务器的服务宗旨。人人都可以在自己的宇宙书写传奇，在别人的宇宙获得快乐，把劳作交给机器，全身心地投入更美好的生活。

中国链根服务器是一个需要区块和国家公链共同创造的底层服务环境，它不是一组地址、几个协议、一批代码，以及一些寡头用来赚钱的媒介。中国链根服务器是共产经济服务思想的核心之一。

第十七章

中国链小镇设计
——网景小镇

我有些沾沾自喜了，甚至开始幻想我的私有宇宙备受瞩目，似乎看见本属于寡头的光环向我走来。我夜以继日地设计我私有宇宙的样貌，规划我私有宇宙的规则，直到有一天我收到鸿儒会寄来一份2017年的卷宗。

那是一份名为“网景小镇”的总规划卷宗，卷宗的日期是“2017年9月22日”。看完这份卷宗，我的心情一下子跌落谷底，上天是和我开了个极大的玩笑吗？我不是孔明先生和玄奘大师选中的要出人头地的“种子选手”吗？怎么会在两年前，中国链就有了一套完整的规划！要知道那时候，中本聪的知名度还不及一个网红！

两天之后，我突然想到鸿儒会为什么寄卷宗给我。必有玄机，于是我抛开杂念，再一次拿起了“网景小镇”的卷宗。

政府需求分析

需求一：劳动力相关需求

这是一个普遍存在的需求。中国将城市划分为5个等级，俗称“线”。一线城市数量最少，但聚集了90%以上的高级劳动力，因而一线城市的经济总量是二线至五线城市无法比拟的，而这种先天劣势，越是欠发达地区越明显。三线以下城市的下属县几乎不存在高级劳动力，而按照目前现有模式在短时间内提升劳动力资源也几乎是不可能的事情。由县至镇、村一级，更是种幻想了。

就是在这样的劳动力分布下，如何以现有的村民、镇民、县民、市民，在较短的时期完成如扶贫、经济转型、人口素质提升等艰巨的任务，是目前面临的难题。

需求二：政府投资与回报在大数据时代如何布局

央企有一个高权值的投资前提——当年投资，当年收益。这个设定在国家“三去一补一降”的宏观调控下，各级政府会效仿。在去杠杆、去库存、去产能的调控中，土地资源变现、重资产投资、生产周期过长的产品投资都急速放缓。尤其是房地产，在棚户区改造的拉动退出后，三线以下城市的房地产交易价格必然大幅回落。广义货币（M2）的结构比例发生大幅变化。在这个机遇与风险并存的时间窗口，政府可调配的资金如何画出漂亮的“经济边际率曲线”，从而完成这一轮宏观调控的“弯道超车”，势必成为政府工作的重要环节之一。

在这个“时间窗口”看“当年投资，当年收益”的模式，可以发现其中隐含的高级智慧已经和宏观调控巧妙地结合。也正因如此，政府如何投资，如何确立投资在区域经济体系的位置，如何用“当年投入，当年收益”拉动经济增长，完成过渡期的布局，成了近两届领导班子需要考虑的问题。

需求三：税收增量来源的实质性拓展

在经济发达地区，如一线城市，有很大的税收优势。

【流动性税收】

人口流动产生的税收

几乎所有的地区都在发展旅游产业，因为“最容易看见”的人口流动就是旅游。这个选择是对的，但风险也不低。尤其是旅游资源欠发达地区，在政策及资金的引导下，很容易形成“同质化、低品质的旅游项目”盲目上马。但什么是高品质的旅游项目，什么项目能够有人口流动流？这是个普遍存在的难题。

资金流动产生的税收

这是“高阶税收增量”的话题。如果想让地区成为“货币流动口岸”，就需要建设一个“货币港口”。但围绕什么货币业务建设港口，风险控制和红线如何设计，货币离岸后是否可持续产生长尾效益，都是现代化政府部门需要掌握的技术。想在当下获得区域竞争优势，货币的产品化概念一定要“独树一帜”。

产品流动产生的税收

新加坡、中国香港、上海……这些具备产品流动中枢职能的城市，因其地理位置的优势，生来就是“贵族”区域。但是，这个差异在互联网出现后逐渐缩小，到大数据时代几乎被抹平，而现在只有来自“地方政府是否开启产品流动相关的业务”。例如，宁夏回族自治区中卫市，在西北地区开启“云及大数据基地”，对标美国的凤凰城，大有成为西北数据业务中心的趋势。

随着技术的进步，理论上将出现无限多种新产品，其流通方式各有不同，而且和传统的物流模式大相径庭，地方政府只要抓住一个或几个“新流通模式的产品”建设全球化的“流通港口”，即可获得十分可观的税收来源。

【跨区域产品交易产生的税收】

所有销售到管辖区域以外的产品均属跨区域交易产品，类似“出口”。毋庸置疑的是，跨区域产品交易量越高，证明一个地区的产品产量越高，尤其是利用本地资源生产的产品直接发生跨区域交易会为当地财政带来巨大的收益。

如何提升“跨区域产品的产量”，提升该产品的品类和市场竞争力，在“三去”宏观调控下扶持什么产品进入跨区域流通，都是地方政府在“提升税收和优化税收比例”工作中需要认真选择的内容。

【高附加值产品变现税收】

招商引资

招商引资长期以来都是政府发展地方经济的主要通道，其目的是让优质的货币资本、优质企业进入地方经济体系。

目前，招商引资的瓶颈在于引进资本的质量和引进企业的优质业务。一直以来，政府采用的手段属于资源和政策引导模式，但随着国家宏观经济的调控和变化，已经很难依靠现有资源和政策吸引优质内容入驻。原因很简单，即地方资源对现阶段的核心经济力量的吸引力一直在减弱。这就需要改变地方资源的结构和输出方式。

利用符合现代资本和企业需求的资源结构，可以大量引入优质资本和企业业务。这里提到的是资源结构，而不是新开发资源，也就是说，需要将现有资源重新规划，并非重新建设和开发。

因此，招商引资体现在税收增加上的效率值，需要一个更优秀的资源规划方案。

高新科技带来的税收增量

这是地方未来发展的“必争之地”，谁先掌握“高新科技”及其产品的输入模式，谁就能成为经济高速发展的示范区。

商业化的高新科技和建设高新科技产品的商业平台，是当下亟待解决的需求。

现代化服务

淘宝、微信、分享经济、互联网大数据、计算、现代文化产业、泛娱乐、区块链等，这些可马上变现并产生税收的服务型产品，并不是一二线城市独有的“特权”产品。相反，只要地方政府给出合理的业务平台用户政策，这些服务将愿意进驻并带来一二线城市的资源、劳动力、资本及用户。

需求四：经济体系重构

在“三去一补一降”的宏观经济调控大背景下，如何重构地方经济结构、开发符合当下的产业体系、提高区域劳动力的价值、形成可持续增长的地方特色经济，都是各级政府尤其是经济欠发达地区政府的核心需求。

政府应大力发挥其“合伙人身份”，参与各类产业级内容构建。扮演好“合伙人”，从原来的“风险承担者”转变为“利益分配者”，去除政府在项目中所负担的“过高的风险”，并客观、灵活地利用政府资本完成地方经济的重构和增长，是现代政府团队的经营需求。

需求五：先进的金融及货币模型

当今的政府团队，都是全能团队，在金融及货币业务已经成为地方经济寻求突破的必经之路时，团队能尽早掌握货币及金融的地方业务模型将会使整个地方经济获得“加速”。

合理的货币业务，尤其是和互联网结合的货币业务（不是ICO），以及相关的金融业务，将会使地方政府的经营游刃有余。优秀的货币业务和金融、对各类高级资源的引进，是必须具备的先决条件；如何开发该类业务并使其成为地方经济的加速器，是现代政府团队的高阶需求。

网景小镇

针对政府需求给出的解决方案

网景小镇的“红线”。

红线一：政府安全。每项计划直接解决一个或几个政府需求，同时防止出现不可控因素。

红线二：资本安全。每项计划都考虑投资的安全性，回报率阈值设在安全的基础上。

依据政府需求给出的解决办法

网景小镇将重点规划“区域联合”的经营模式，力求让地方政府能够使用以下资源：

一线劳动力

一线技术

全球的资源

在屏蔽其壁垒后无缝对接地方资源，形成具有独享效应的“人口流动港口”“货币流动港口”和“产品流动港口”。

【办法一：重定义劳动力】

关于地方劳动力，最亟待解决的问题是：依靠地方劳动力无法有效形成高质量的产业结构，但高阶劳动力又不会大批直接投入地方经济建设。

这个问题在前十年，是几乎无法解决的问题。但如今，随着技术的重大革新，市场需求结构发生巨大变化，劳动力市场也发生了颠覆性的变化。

自 2010 年起，每个自然年内均会出现多个“新的概念”，从而衍生出多个“职业”。例如，“多频道网络（MCN）”衍生出的“网红”职业体系，并已经演化成“网红经济”这样一个独立发展的分支。

对照分析，“网红经济”在经济体系中的作用类似改革初期的“特区”模式，如“深圳”。只是“网红特区”不是依托一个区域来发展新的经济模式，而是直接建立在互联网 + 劳动力市场的理念下。

虽然现在的“网红（自媒体）经济”有一些瑕疵，但在国家的宏观调控下，其发展曲线趋势必然是稳健且持续上扬的，其发展速度也将会大大快于深圳。

如果“网红经济”太新或太难理解，我们可以分析“微信”。“微信经济”所形成的规模和速度，以及产生的职业体系，都充分说明劳动力的定义已经发生了根本的改变。谁掌握新的“劳动力”使用规则，谁就将获得前所未有的发展优势，简单地说，掌握现阶段的劳动力使用规则就可以对标深圳！

网景小镇所做的工作是完成新型劳动力进驻地方，并形成税收。

> **新型劳动力的定义**——一个劳动力由一个以上自然人形成的生产关系，能够直接对接某个产业接口，并向其输送产品及服务。该劳动力从其对接的产业接口服务单位（地方政府治下的纳税法人单位）获得回报，同时向该服务单位纳税。

由这个定义可以看出，新型劳动力不再是单一职业，而是直接盈利单元，地方政府只要能搭建好“产业接口”，新型劳动力就会在这个接口内产生赋税。例如，一位农民 + 一个游戏设计师团队 + 一个自媒体 = “农产品交易单元”，即一个新“劳动力”。这样的劳动力越多，地方经济的增速就越快。

【办法二：重定义区域界线】

“互联网 +”的解读

先看一下，一线城市是如何让全球变成它的“纳税人”的，这里的全球化武器就是“互联网”。就如阿里巴巴是杭州成为一线城市的功臣一样，互联网可以让一个行政区域向全球征税。

从地方政府的角度看**“互联网 +”**，核心内容是“全球征税通道”，闷头在自家的一亩三分地发展经济已经不可能，必须将全球市场纳入地方行政版图。

互联网 + 很难吗？其实不，它有一个标准的流程：

第一，重定义劳动力。

第二，制作基于互联网的行政版图，即移民。

这里的“移民”不是传统概念的“移民”，而是将全球用户的“某个消费行为”通过互联网移到辖区内（数据财富迁移），就如杭州把“线上购物行为”移入、深圳把“社交”移入一样。这样的消费行为还有很多，待开发空间很大，尤其在大数据时代每年都有热点出现，如共享系列、电竞系列、VR 系列、AR 系列、益农系列、游戏系列、旅游系列、教育系列等，新政区域只要抓住一个系列的一个点建设互联网 +，就可获得类似一线城市的版图扩张模式。客观讲，和一线城市直接 PK 不太可能，但赶超同级别甚至高一级别的行政区域是完全可实现的。这时，大家拼的是模式，现代化的行政区域内的经济发展模型、打破传统区域概念、移民全球用户，会成为标配。

【办法三：布局数据财富服务，开发招商引资新模式】

政府的合伙人身份确立

地方政府的招商引资策略都普遍存在几个“低效”点：

低效点一：政策及补贴老套，同质化严重，且普遍缺乏对先进生产力的吸引力。

低效点二：长尾项目较多，很难立竿见影。

低效点三：“大”投资概念较浓，但大投资意味着高负债、高成本、高风险。[1]

低效点四：对某些资源的盲目崇拜、盲目引进，损失了优质资源。例如，为了拉“大品牌”企业入驻，损失了地方的税收、土地、品牌、劳动力等优质资源，换来“不赚钱”的业务，甚至换来“不纳税”的业务。

低效点五：招商成本和风险过高，双方博弈内容过多，导致很多项目流产。

地方政府在未来的项目和业务中，应该将自己的行政职能、商业资源、资本和杠杆、品牌背书四项“优势资源”分开利用，并有针对性地做好风控。对于政府投资，可将其独立看成一种资本运作，不打包其他资源，这样风控方案就有章可循。

类似“当年投入，当年收益”战略，将一些优质资本捆绑在“轻资产，高扩张速率”项目上（当下最合适的是数据财富服务业），作为整体政府投资的杠杆，这是现代化政府资本运用的“先进模式”之一。这部分杠杆资金以“合伙人”的身份切入项目，是一个合理的选择，政府可以选择在税收层面退出亦可选择在后续资本跟进时退出，当然还有金融和二级股权市场策略。

要让“从政府拿钱”的思想变成“和政府成立合伙企业”，不仅可以屏蔽一些灰色地带，而且可以让全球业务可通过政府的杠杆资金

[1] 这属于金融和货币业务范畴，在后文有重点阐述。

与地方政府对接，并辅以高效的货币及资本策略，每百万投资可形成千万的业务容量，这会大大提升政府资本的效率。

将招商变为合伙、将引资变为联合投资，是现代化政府经营的策略选择之一。同时，其他资源（包括行政职能、商业资源和品牌背书）可以 PPP 的形式与优质的合伙人形成 3 年左右的项目合约，让政府资本杠杆永远配备最合理的“力臂比例”。

【办法四：重定义网络】

如果提到网络，只想到互联网或产业网，在当下都是“过时”的。

现代化的网络定义——以地方资源和商业模式为港口的吞吐平台。

在大数据时代，港口概念将会成为经济重构的支点之一。一个不想建设港口的行政区域，终将会在这个时代变为落后区域。

“大数据港口”建设首先要锁定一个网络链接模式，通过网络，将全球的产品和服务集中在本地的港口吞吐（不是加工），仅为吞吐（如新加坡）。在大数据时代，行政区域“港口化”趋势越来越凸显，以前的集散地概念将消失，如义乌、昆山、东莞等城市的商业壁垒将被打破，大量的高附加值港口会成为新经济体系追捧的“黄金区域”。

掌握并搭建一个网络，然后在行政区域内建设抽税型港口，是当下行政区域洗牌的最佳时机。

【办法五：打造广义税收盈利模式】

相对之前的税收体系，在新的劳动力、资本、区域设定等参数发生改变后，将会产生新的税收内容，我们称其为广义税收或数据港口税收。

从其定义可以看出，税收增量的基础是大数据。[1]

这部分的交易空间大多不发生在行政区域内，而是发生在行政区域提供的数据港口服务中，如电子竞技、游戏、互联网传媒、电子商

[1] 这是本方案的阈值设定，不代表所有广义税收都和大数据相关。

务、大数据、益农等。

广义税收的重要意义在于：给辖区带来良性的商业生存空间，尤其是教育、信息和商业相对落后的地区，可以通过广义税收业务改变其生存环境，进而提升其文化水准和劳动力效率。

这部分税收的数据值不是用来补贴“经济低洼地区”的，而是用在经济系统重构最需要钱的地方。这个数据本身就代表了“补贴的力度”，由高阶生产力拉动低阶生产力形成新的生产关系，这是广义税收增量值的价值诠释。所以，广义税收增量是政府财政纯收益，可以说是既名利双收又能改变辖区的人文面貌。

【办法六：打造大数据下的广义货币（M2）盈利模式】

在之前的规划中，一直提到“大数据”的词语，就如互联网、互联网 +、“一带一路”等。说现在的商业环境是“大数据者的天下”，一点也不过分。但大数据是什么？大数据有没有被垄断？客观讲，大数据是“生产力”，也是“劳动工具原材料”，就如耕地从锄头升级到农机一样，工具变了但目的还是耕地。

所以，大数据对政府来讲，是必须“引进”的，并要将它和新型劳动力捆绑，才能诞生新的生产力。

如何引进大数据、使用大数据并开发大数据产品，在网景小镇实施中有明确的步骤，此处仅做定义性描述。

大数据产生的新型生产力要率先用在哪里才能产生最大的效率提升？经验表明，广义货币（M2）结构和部署是欠发达地区最需要大数据和大数据业务的板块，同时也是盘活广义税收体系下的地方经济最有效的发力点。

这里的广义货币（M2）是指带有全球新移民的新概念辖区内的广义货币（M2），并不仅仅是辖区内居民的广义货币（M2）。也可以这样解读，只有好的广义货币（M2）规划，才能吸引更多的优质移民进驻辖区，也才能建设繁荣的新经济港口。

网景小镇规划

网景小镇的概念

网景小镇是特色小镇之一，和互联网小镇、电竞小镇等特色小镇类似。

网景小镇的产业选择为大数据 + 旅游 + 益农 + 互联网 + 地方资源。

网景小镇，可以定义为行政辖区内一个全新的行政区，其居民来自全球，其边界不固定。

网景小镇的居民职业多样化，和原有行政区域内居民可组成新的劳动力单元。

网景小镇的金融体系是通过互联网链接的一个新金融结构，小镇内居民的广义货币（M2）可以通过一些业务形态成为行政辖区的货币业务和金融业务，同时产生广义税收。

网景小镇内居民的消费、商业往来、投融资等行为，将通过小镇的广义税收服务平台、金融服务平台成为行政区域的税收，这部分税收来源被定义为广义税收。

网景小镇的心脏——网景大数据中心，它可以将整个行政区域内的所有建筑、居民和商品数据化，并通过一个数据工厂——扩展现实（Extending Reality）工厂对接网景小镇的移民，并由它们开发成大数据产品销售到全球。

网景小镇的职能

网景小镇主要完成原有行政区域内无法实现的经济建设相关职能：

◇ 新型劳动力移民

◇ 打造全球网络及港口

◇ 制作全球触角，将小镇的税收内容植入全球各地

◇ 建设至少一个基于益农的大数据业务

◇ 将城镇数据化，将数据商业化
◇ 建设先进的资本平台
◇ 构建广义货币（M2）结构

网景小镇建设的流程

网景小镇作为一个行政区域内的职能小镇，其每个单元都有一个独立的功能，所有功能叠加在一起并和整个辖区协同工作，最终形成辖区经济系统重构及升级模式。重要模块为：

【模块一，网景小镇品牌中心】

可实施 IP 的内容为：

◇ 全球旅游目的地盛典
◇ 全球网景高峰论坛
◇ 全球网景云计算及大数据论坛
◇ 脑力电子竞技世界杯
◇ 中意文化节
◇ 网景音乐嘉年华
◇ 天下第一景系列东方电子竞技联赛
◇ 山河美人选美大赛

品牌中心的职能是：

◇ 联合举办、承办各类 IP 活动
◇ 提升所在辖区的知名度
◇ 通过商业化运作产生广义税收
◇ 开发新型劳动力移民通道
◇ 落地相关产品运营、销售等商业行为
◇ 为大数据港口提供业务

【模块二，网景益农（扶贫）运营平台】

益农平台的职能是：

◇ 将农民与网景小镇移民捆绑，并形成新的劳动力单元

◇ 提供网景益农产品交易服务

【模块三，移民办公室】

移民办公室的职能是完成全球高阶劳动力的落户工作，具体有：

◇ 相关消费通道（货币流动）建设

◇ 职业规划

◇ 资源对接

◇ 生活服务

【模块四，网景景区规划部】

景区规划部的职能是：

◇ 向小镇移民提供景区建设资源、原材料和交易平台

◇ 向小镇移民提供全球旅游资源、用户、服务模式

◇ 向小镇移民提供小镇联网服务，完成相关产品设计

【模块五，广义税收业务研发中心】

广义税收业务研发中心的职能是：

◇ 为网景小镇移民提供高速的商业交易服务

◇ 以合伙人、服务商、平台等商业环节形态接入用户业务，并形成广义税收

◇ 基于网景区块链分配机制，管理产品交易、货币流动、居民消费等行为，保护小镇居民的财产

◇ 建设广义税收投资基金，形成一个广义税收投资通道

【模块六，大数据港口建设部】

大数据港口建议部包括产品港口、货币港口、劳动力港口等。

根据辖区的需求，将全球化的“大数据消费行为”作为打造港口的商业基石。

【模块七，网景广义货币（M2）业务运营部】

广义货币（M2）业务运营部的职能是：

◇ 吸引小镇居民将广义货币放入小镇的金融体系

◇ 对接辖区的金融体系，形成货币业务

◇ 开发网景广义货币（M2）基础上的金融业务

【模块八，网景孵化器】

针对辖区内的劳动力、资本等资源，结合小镇的移民和业务，形成带动地方发展的孵化机制，充分使用一线城市模式发展地方经济。

【模块九，网景小镇资产管理及投资部】

小镇资产管理及投资部的职能是对接全球资本，形成某个业务范围内的投资。

网景小镇建设及运营

网景小镇与其他特色小镇的不同点为：

◇ 网景小镇是移民小镇，其他小镇以“旅游”和“产品输出”为主。

◇ 网景小镇是一个“对接国际的港口”，具有辖区与国际大市场环境对接的功能。

◇ 网景小镇具有“广义税收”来源的职能。

依据以上特点，网景小镇的建设与其他特色小镇的建设以及传统行政区域建设方式有很大的不同之处。

首先是投资来源。网景小镇的建设投资主要来自网景小镇移民、大数据企业、资产管理机构和互联网及大数据产业投资。

其次是建设与运营的关系。网景小镇和其他特色小镇的经营理念是相反的，其他特色小镇是先建设后运营，而网景小镇是先运营后建设。

【网景小镇第一运营点——益农＋移民】

网景小镇和地方行政区域的对接点是益农（扶贫）。目前，有很多针对益农（扶贫）的模式和项目，网景小镇采用在不增加任何生产端投入的情况下直接提升农民的收入。

网景益农是网景小镇的益农项目容器，它的模式是：

◇ 将全球高阶生产力和农民通过网景大数据链接在一起，形成一组新型劳动力。

◇ 农民负责生产，其劳动状态和信息量均不改变，只需要知道提升了收入。

◇ 全球高阶生产力通过移民的形式领取益农大数据产品开发牌照，并开发相关产品。

◇ 新型劳动力生成的大数据产品将被贴上网景小镇的数字标签（用于计算广义税收），并进入网景网络销售。

◇ 通过平台设定的分成比例直接将收益分配到各参与者的货币账户（网景金融账户）。

我们来看看，一个农产品经过网景小镇的网景益农项目容器后，发生了怎样的变化。

案例　湖南省怀化市沅陵县上寨村和桃坪界村的碣滩茶

设定每斤成品碣滩茶分配给农民的收入为 150 元。

第一步：将碣滩茶作为网景城市名片并交与“脑力电子竞技世界杯（2018—2019 赛季）”的参赛选手进行网景产品研发。

第二步：将碣滩茶设为《东方电子竞技法则》下电竞联赛“天下第一茶景”的竞技用茶。

第三步：设立“网景旅游 IP——2019 沅陵网景采茶节”，并捆绑“山河美人网景选美大赛”，以“共享经济”的模式完成两个村 400 亩茶园的定制销售，每斤碣滩茶销售价格为 250 元，新增沅陵县网景小镇移民 5 000 人。本次交易中，农民将通过网景区块链获得利润分成。

第四步：将每斤碣滩茶销售价格定为 400 元，并开放网景旅游（扩展现实旅游）和网景游戏（扩展现实游戏）联合开发接口，将碣滩茶转为游戏道具、网景旅游事件等全新产品，农民通过网景区块链被一直捆绑在和碣滩茶相关的业务中。本次交易，农民将会通过网景区块链获得相应的收益。

第五步：和碣滩茶网景旅游、网景游戏相关的收益，均会通过网景区块链持续给农民产生收益分配，而农民无须学习任何复杂的商业内容，其直观的感觉是一直在收钱。

从这个案例可以看出，网景小镇将农民转为合伙人，他通过他的产品入股各项增值业务并从中获得收益。[1]

整个业务链条由一项互联网金融技术——网景区块链来控制。

在网景小镇诞生之前，茶对农民来讲是无法产生投资型收益的，对于茶本身的经济只是被定义在直接消费上，产生不了灵活的产品结构和更长的消费链条。

但是，在大数据时代，茶乃至任何一个产品都可以产生多维度消费模式和更长的消费链条，这就能给原始的产品生产商——农民带来更多的收益空间。

这部分收益要分到农民手里，虽从技术上可以实现，但是需要地方政府配合，才能保障农民的利益不受侵害。

技术 + 政府调控，可让农民在不知情的情况下提升收入，并逐渐改变其生活，假以时日即可完成扶贫大业。

【网景小镇第二运营点——移民】

网景小镇吸引移民的方式是资产增量。

一线城市吸引高阶劳动力的核心是资产增量和个人品牌。

从这里可以看出，网景小镇使用的是最有效的资产增量方式，即只要达到或超过目前的资产增量速率，高阶移民必然产生。

在互联网出现之前，三线及以下城市要吸引高阶技术移民几乎是

[1] 该案例还未加入金融及货币业务、投融资业务产生的利润分成等，具体内容将在相应章节叙述。

不可能的事情，二线城市也只能留存一批“去不了一线但还具备一些能力”的劳动力。

互联网出现后，任何一个行政区域都可借助互联网、电子商务等新产业，通过建设孵化器和产业基地形式拉动高阶人力资源的流动。

如今大数据的出现，将会进一步加速这个趋势，行政区域的发展模式也将进一步随着产业结构的改变而改变。

大数据时代，任何一个行政区域的城镇建筑、旅游景区、地方企业、原住居民、GDP、金融等都将成为“大数据资源”，并成为最新的个人资产增速通道。

网景小镇的先进性在此充分体现，它有一套可将一个区域内容大数据化的工具，并能将其对接高阶劳动力形成移民通道。

第一步：发布辖区（怀化市沅陵县）的大数据项目规划，包括旅游、IP、游戏及电竞、房地产、益农。

第二步：发布扩展现实（Extending Relation），并将大数据规划植入 ER 怀化市。

第三步：举办“ER 怀化市大数据主题赛事”。

例如，“脑力电子竞技世界杯（2018—2019 赛季）”怀化赛区吸引了 300 组高阶劳动资源来开发 ER 怀化市。

ER 城市是城市被大数据化后产生的一个新经济空间，ER 城市将会通过大数据通道在不改变原有城市面貌的情况下生成一个新的经济结构，其 GDP 是全新的 GDP，完全不依赖于原有的 GDP，和原有的 GDP 仅存在数据关联。网景小镇是连接城市和 ER 城市的通道。

第四步：开放 60 万个 ER 沅陵网景账户，每组参赛团队开放 3 000 个。

第五步：针对 60 万网景小镇移民提供大数据资产分配。

300 组团队相当于 300 家大数据企业，他们将对 ER 沅陵的各类大数据资源做专项开发。60 万移民将成为沅陵县大数据产品经销商、消费者及合伙人。

【网景小镇第三运营点——建设大数据港口】

让新增的60万移民能稳定地在怀化获得“资产增量”，最有效的方法是：

◇ 其开发的大数据产品能够快速卖出

◇ 能够迅速获得加工大数据产品的原材料

所以，大数据港口的职能是：停靠来自全球的网景大数据产品，由本地的移民对其进行二次开发，把沅陵县大数据产品植入全球网景大数据产品中，再通过大数据港口将产品运送到世界各地。

网景大数据和互联网不是一个概念，互联网仅传输数据，而网景大数据传输的是货物及数据，所以，网景大数据吞吐基地称“港口”，互联网吞吐基地称“网站”。

对于大数据港口，虽然其吞吐货物及数据，但是其仅吞吐到达沅陵的货物和从沅陵发出的货物，路过的货物仅吞吐数据，所以对港口的容量没有很高的要求。和互联网不同的是，即使吞吐数据港口也会产生和吞吐货物同样的税收，而网站并不会带来任何税收。

【网景小镇第四运营点——建设广义税收】

让政府、网景小镇、地方数据资源和ER沅陵县移民成为合伙人。

广义税收和之前的税收在定义上不同。在行政区域内政府依靠提供各项服务，向各类商业行为收取佣金，称为税收。在网景小镇其原有的服务并不存在，因此不能收取相应的佣金。所以，政府要以另一种形态收取佣金，这就是合伙人。

其提供的合伙资源是：

◇ 地方大数据资源

◇ 资产管理

◇ 港口服务

我们把以上三类内容产生的合伙分成，称为广义税收。

在互联网时代，一个沅陵县的居民将网站架设在北京，用阿里或亚马孙提供的云服务，从全球搜集货物并在网上销售，使用支付宝进行财务往来，沅陵县无法对这个商业行为过程征收税金，因为并未涉及地方政府提供的服务。这个现象在大数据时代会更加普遍，如果不改变地方政府的服务结构，将会损失更多的高附加值财政收入。

网景小镇的广义税收就可以弥补这一块短板。政府本身是大数据时代最具价值的合伙人，掌握着大量的可变现数据资源，但是资源不是政府独享，若错过时间窗口损失就无法挽回，就如沅陵的很多产品通过淘宝开发的在线购物进行流通时，大部分税收不会进入沅陵财政。

所以，在大数据时代，抓好新业态服务是地方政府收入提升的一个重要参数。

【网景小镇第五运营点——广义货币（M2）服务】

60 万新移民、大量的网景大数据吞吐，使网景小镇金融体系内的货币量成为非常可观的数字。同时，相应的金融及货币业务距离“沅陵县”更近了，只要有优秀的服务模式，就可将其纳入沅陵县的金融体系。

广义货币服务的主要内容是：

◇ 针对移民的大数据业务提供金融服务

◇ 建设大数据货币港口，同其他网景小镇建立货币流通业务

让网景小镇移民的钱流动起来，快速地流动起来，形成良性的金融、投资、P2P 等业务，成为广义税收的重要收益来源。

更重要的是形成产业闭环，劳动力、产品、资本被高效地捏合在一起，支撑起网景小镇的生存及发展，地方政府同时可获得一座 ER 城市、数十万的高阶劳动力和极为可观的货币资本。

网景小镇产业布局

在网景小镇的基础规划形成后，其产业布局也将形成，60 万人将

从中找到投资机会和工作岗位，地方原住民尤其是农民将获得增值收入来源。

网景小镇的所有产业均是地方资源 + 大数据 + 产业的模式。

【产业布局一：旅游】

网景小镇的大数据 + 旅游将采用一物一景的模式，即网景作为旅游产业的核心产品。

每一个网景小镇的移民都可以涉足网景产业，都可以利用大数据、互联网、AI、VR/AR 等技术，开发可以被大众消费的网景旅游产品，并通过网景小镇的大数据港口发送到世界各地。

【产业布局二：知识产权（IP）及文化】

知识产权（IP）产业是高阶劳动力聚集的产业，地方资源是制造 IP 的必要原材料，如法国的戛纳，中国的乌镇、博鳌、亚布力、中卫等城市，依靠 IP 带动了整体经济发展。2018 年起，IP 产业将会成为地方政府获得高阶资源的主要通道。娱乐、社交等带有大量旅游消费的 IP 也将大行其道，如马拉松、电子竞技，以及各类主题嘉年华，都将成为"旅游重资产投入"的试金石和风向标。

网景小镇的移民中，不乏具备 IP 设计能力和执行能力的团队，网景小镇的官方 IP 工厂"脑力电子竞技世界杯"将以竞赛的方式大量引进各类商业化 IP 和 IP 产业的从业人员。

网景小镇还将大力发展在线 IP、辖区外联合 IP 等，新型 IP 产品通过广义税收完成资源的整合及收益。

文化产业，尤其是传统文化产业，是大数据产品非常适合切入的领域，也是大数据港口吞吐比例较大的产业。利用地方文化资源，加上来自全球的文化素材，在网景小镇制作各类文化主题的商品和服务，会是网景小镇移民必然布局的资产增值点。

地方政府对 IP 和文化资源的商业扶持，将大大提升对高阶劳动力移民的吸引。

【产业布局三：互联网及技术】

很多地方政府开始接触电子商务、VR/AR、自媒体、网络影视及泛娱乐、社交及共享经济、流量港口等带有互联网特色盈利模式的产业，但效果并不理想，原因很简单，这些产业水土不服而地方政府也很难找到发力点。

网景小镇很好地屏蔽了双方的不和谐因素：

◇ 从互联网端看网景小镇，它是一个技术容器，拥有非常合适的资本土壤和用户通道。

◇ 在政府端看网景小镇，它是一个特色小镇、一个提供广义税收的新型特区。

网景小镇的大数据中心负责制作双方的套接管道，最终让互联网及技术产业软着陆，成为地方经济体系的一员。

另外，互联网及技术产业也是网景小镇移民的资产增长和职业规划的必要配置。

【产业布局四：游戏、电子竞技及二次元】

很多地区都会有一个变化：街边的网吧都改成了网咖，又由网咖改成了电竞馆。虽然这种变化不能给地方经济带来发展，但它在释放着一种“变革的信号”。2017 年“电竞小镇”出现，以电竞拉动旅游的行政区域在未来两年内会越来越多。这表明，目前的主流消费人群对消费环境的要求发生了质的变化，同时带动市场的变化。

切入这部分用户的消费仅有“电竞小镇”这一种方法吗？肯定不是，电竞小镇能否成功需要市场来检验。但是 20 亿元的硬投资会让政府和投资商背负级别很高的风险。

网景小镇开展这个产业的方式是：利用地方旅游资源优势，建设游戏、电竞、二次元主题公园和嘉年华活动，而后交予网景小镇移民联合运营。

这个模式抓住利用优势内容来提升网景小镇移民资产数值和职业收益方式。网景小镇是以“人力资源”为核心建设的特色小镇。

【产业布局五：金融】

网景小镇移民的广义货币（M2）业务。

【产业布局六：地产】

其重点布局旅游地产、康养地产、科技地产，鼓励网景小镇移民在辖区内投资产业，并给地方经济带来增长新动力。

地产项目在成为支柱型产业的时候，获得了近乎野蛮的增长资源和资本。在“三去一补一降”的宏观调控环境下，如何从野蛮进化到智能是当下政府不可回避的任务。地产产业链很短且消费模式单一，说它野蛮就是因为虽然成交额很高，但在成交环节并没有好的模式，只是在赚钱的情况下没人关心它的增值业务开发。

在大数据时代和宏观调控的双重机遇下，地产将迎来一次洗牌。

网景小镇率先给出大数据地产的开发套件，包括旅游方向、游戏方向、自媒体方向、ER（扩展现实）方向等，对已经投入商用（使用）的房地产产品进行升级，而后将对待开发地产进行产业升级。

网景小镇的开发节奏

与地方政府的合作，网景小镇设计了三个阶段的介入方法。

【第一阶段：益农（扶贫）项目切入及大型 IP 打造】

和直接向政府要钱的模式不同，网景小镇的运营方式是：

◇ 先背上一个攻坚项目

◇ 先给辖区带来移民

这种方式将大大减少双方谈判和博弈的时间。特色小镇如果要花大价钱、花长时间建设，还要测试其是否成功，这在现代商业体系中风险极高，很可能在建设期间特色小镇模式就会过时了，之前的投资面临受损。

网景小镇是一个“柔性工程”，它不采用重资产模式，而是采用“高兼容”模式。即使在网景小镇建设期间出现新的技术、理念、政策、产品等突变，它都能顺畅地将其收入，而且变化越快网景小镇的优势就越大。

【第二阶段：正式以特色小镇的身份捆绑辖区内一个行政区县】

此阶段依然不需要政府的资金和优质资源介入。

在之前的益农和移民工作有成绩的情况下，政府可以“继续尝试”，尝试的模式是：“创造一个网景小镇”，也就是创造一个移民容器，如 ER 沅陵县。

因为这部分移民不会真正进驻辖区居住，所以此时建设的其实是移民的纳税接口和货币流动基站。

在接口完成之后，落实网景小镇的各类产业，让移民真正工作起来，并产生消费流动。此时政府和运营方的工作重点是：将移民和全球用户的交易行为拉进“网景小镇”，直接繁荣小镇经济。

【第三阶段：广义税收及港口建设】

这是由政府杠杆资金和资本共同介入的阶段，政府可考虑使用已经产生的移民经济税收来投入大数据港口的建设。

这部分建设基础投入是数据中心的建设和孵化器建设，政府杠杆按规律或被限制在 10% 以内，这也是广义税收的一个参考数值。

此时会有 PPP 的模式介入，可以做一个严谨的论证过程。用赚的钱去投资，完全屏蔽政府的投资风险，是网景小镇的现金模式之一。

第十八章

中国链人工智能

如果说城市新经济生态园让我看到城市的新经济物理接口，则网景小镇让我看到“数据城市群形态”，形象地说，城市新经济生态园是扇大门，网景小镇是“门后的模样”。

在看过网景小镇的卷宗后，我开始佩服乃至臣服于任何一个成功人士及他身后的团队，因为我终于明白构建一个完整的生态规划所蕴含的内容不是一个普通人可以企及的。

由此，我开始联想，在一个私有宇宙内如果衍生出的扩展现实空间足够大，而且它的移民数量也足够多，如大于100万人，管理模式会是怎样。

这个想法让我感到一阵寒意，君王、教主、寡头类的词语在我脑海里涌现。随即我自嘲一笑，翻身，睡着。

我累了。

中国链人工智能开放式定义

20世纪80年代末，我见过一本大学计算机科学专业的教材——《人工智能》，因而，这并不是一个新鲜的词。迄今为止，人工智能是“用机器取代人的代名词”，且已被广泛市场化。隔壁的大妈都开始兜售从杭州带回来的“酒店机器人”，那是一种可以联网的电动大玩具，见人会说“你好”，可以把客人需要的东西送到房间。当然，这种大机器是靠一个轨道引导，即便用两条腿走路也不新鲜，因为第一个机器人公民已经诞生。

另一种“人工智能”的应用更广泛，而且会比机器人更容易引起“混沌式的轰动效应”，即“基因工程”，它属于生物科技范畴。

人工智能是一个很宽泛的接口，目前的“机器神经系统”“生物代码拓展”都是人工智能的入口，而中国链也是一个人工智能的入口——脑联网！也就是说，智能机器、基因工程、中国链脑联网将成为未来人工智能的三大支柱产业。

不用多久，消费人工智能将和“第六脏器”一样普及，而且人工智能会成为新的“第六脏器”。由传感器 + 超高速网络 + 辅助性外设的人工智能，在云操作系统的扶持下，人人都是钢铁侠的日子越来越近。基于基因技术的人工智能，让人类重新获得如亚当一样寿命的时代也不会太远。

深谙中国链模式的我，已经看出了中国链脑联网的维度，它和前两种人工智能有根本的不同：中国链脑联网锁定的是共产而不是消费。看似不可捉摸的人工智能正在面临一次“拷问”：仅仅创造消费的“单进程单核智能”能否称为人工智能，或者仅仅是一种经济发展的绳索而已。

如果我们从产业的角度去定义“人工智能产业”，至少应该让人类看到一个“希望”。

中国链模式在设计之初就来自一组“脑联网”，当时称为“脑矩阵”，其目的是希望研究出一个可以让“人类一出生就生成一个单一思想模型，从而加速人类文明的进化”。该原型的算法是如何让“新生儿继承已经存在的算法并生成新的弦方向”。

这个想法在研究方向上和其他两个“人工智能”的方向是完全相同的，只是方法不同。

后来，脑矩阵给出了一个“弦假设”：如果人可以多次出生，将必要的成长资源放入其出生的环境，并给出其继承的接口，是否可以实现设想中的人工智能！

也许，中本聪团队也在思考相同的问题。多维经济时代必然到来，爱因斯坦的相对理论一定会被广泛应用，所有的技术都是“权宜之计”，根本的突破一定“来自每一个人类个体的某种结合”。

这就是国家公链、私有宇宙、区块、多中心合伙模式诞生的哲学基石。

到了中国链人工智能登场的时候了。

万脑联网时代来了。

中国链人工智能的现实容器

技术人工智能的容器是机器 + 传统商业，生物人工智能的容器是基因 + 商业，中国链人工智能的容器是共产 + 商业。

共产是一种**链矢量**。脑联网的事每时每刻无序发生，无法产生可继承的“方向性能量”，成功不可复制。所以，需要一个限定脑联网有序的规则，即共产。

这要有能发出矢量链的能量，即国家公链，然后让能量在一个空间内形成物质，即私有宇宙。它携带了矢量链的规则——国家公链共产智能合约接口，让每一个出生于该宇宙的个体的所有行为均朝一个矢量方向发展。这即可产生“可继承的脑联网结果”。

商业是一种“矢量维度”，每个私有宇宙的商业形态均不同，但都在同一个矢量上，该矢量和共产矢量可在一个区域内互为收敛边界，也可以是某种谐波状态。

这种设定才可以让所有的私有宇宙用简单链形成一个无限维度的商业，才能打破现在由无序生成的“单进程单核商业”。

从这个定义出发，机器人工智能和生物人工智能将和互联网一样，成为中国链人工智能私有宇宙中的一个产业。

但并不能描述成“中国链吃掉了另外两个人工智能分支”，只能说中国链模式人工智能创造了更多的维度以容纳所有人工智能的分支。

由此分析，所有的人工智能（包括脑联网）在中国链模式内均可获得更广阔的属性扩展。

人工和智能

“人工”代表什么？就如电子商务的“电子”代表什么？人类经常用自己的个人决策加工一个词语，然后产生无序的歧义。解决它的比较好的途径是把一些普遍使用的词语，仔细地论述，或许能够得到一个相对全面的认知，甚至可以衍生出令人惊喜的“红利”。

我认为，人工智能的“人工”和“电子商务”的“电子”，属于同一种东西，那就是“已经过时了的定义”。人工本身并不代表实在意义，它更像是和“智能”在一起组成的四字新名词。

对“智能”而言，就很有研究的必要。因为我想起了“智人”和“人”的故事。人类的大脑产生某种飞跃后，让“智人”这一支的进化停止了，“智人”究竟是回到了猩猩形态还是驾飞船飞走不得而知，我觉得它们更像是“人类生产车间的车间主任”，当人制造完成可以自我生产后，智人就没用了。目前，“智能”二字的含义就是这个故事的再次呈现，尤其在一些假装很大、很神秘的企业里。

这是一种历史的倒退，如果人类把智能的发展目标定义为再做一个可以自我繁殖的、比人类强的人（或机器），那就是返祖的表现。

中国链人工智能模式的出发点，是不返祖，它对人工和智能都有很积极探索的定义，而且很开放、很和平，让人感到舒服。

中国链的“人工”二字，是一种工作性质，是一种共产行为，它脱胎于另外一种技术设计——神经网络。人工既然是一种工作，那它就有一个“职称”——中国链神经元，这个职称的工作方式是按照某种收敛需求贡献思想。

这是一种人类“自我继承”的算法：

```
Include NeuronNet.china-chain ;
Include China-ChainDataBase.china-chain ;
class Neuron
{
}
class Brain extend Neuron
{
}
```

```
class UniversityNeuron
{
    China-ChainPerson Me = new Brain ( "me" ) ;
    Me.setOccupation (     )
    {
    }
}
```

按照这个继承法则，私有宇宙内的每个大脑将成为整个宇宙大脑的一个神经元，如果该神经元获得了某个“控制权”，则该神经元将成为某个矢量事件的“中心”，也就是它将在某个活着的时空里操控时空中所有的人工，最终形成一个有效共产流。

```
class UniversityEvent extend UniversityNeuron
{
    this.setControl ( "me", 2118-1-1, "eventName" ) ;
}
```

这个有效人工就是一个脑联网的节点，需要注意，不是大脑是脑联网的节点，而是一个由“有效人工主控的事件”是脑联网的节点。这样的拓扑结构设计才能保证私有宇宙是“活的”，而且有自己的活法。

中国链的智能是一个结构——**私有宇宙大脑结构**，它负责构建大的分区，负责产生类似生物电的信号，负责节点信息传输，等等。最终，在每一个私有宇宙神经元看来，处理一件自己主控事件时，它仅仅看到了自己和智能，虽然有可能全私有宇宙都在为它这件事情贡献**人**，而他自己感觉不到，同时也没有必要感知其他人工的行为。

由以上的模式设计产生的中国链人工智能的描述或许是这样：一个中国链中心的思想实现的模式。这种设计的结果会产生奇妙的结果——当你想造一艘大船去旅行时，那艘大船已经在爱琴海边等着你了。

在区块链备受诟病的2018年，去中心化成了诟病中心。其实那可能是一个翻译错误，或者是别有用心者有意为之，因为很大可能它的本意是去中间化！最高级的去中间化是去掉思维的中间化，直接产生一个事件的结果，就如中国链的人工智能模式一样，当你有决策权的时候世界上只有你和智能，其他中间环节都不存在。

如果简单地认为中国链人工智能就是为了让一个人“随心所欲”，那是极为愚蠢的思想认知，甚至表现出基因中很原始的野蛮。

中国链人工智能的工作原理是：在一个时间微分内，找到最好的人工组合，并交付于一个节点，形成“可以为共产流赋能”的事件。[1]

也就是说，当私有宇宙神经元足够多，单位时间内**人工**的有序并发量足够大，产生的脑联网节点就会越多。

当我向私有宇宙提出一个“结果”并希望获得“节点权杖”的时候，恰好有足够的人工在“相对同一个时间微分”内提交了以自我为中心的“事件申请”，而智能通过判断发现这组申请组合在一起恰好可以满足我的“结果”，那么，智能会生成一个智能合约模板，同时发给我们这组人工，形成一个有效的脑联网节点。

可以看出，中国链人工智能的工作模式是“寻找同时的一组收敛组建，而形成一个有序”，它存在的前提是“私有宇宙必须是一个有序指导下的收敛”。不然，中国链人工智能将无法设置自己的**起始迭代参数**。

从社会学的角度看，中国链人工智能是一种更高阶的“生活设计师”。一个朝九晚五的人通过国家公链赋能后，通过共产流将获得全新的生活方式，也就是常说的“啥都不干，吃穿不愁”。这里的“啥都不干”指的是不用再去做传统经济模式下定义的工作，获得“吃穿不愁”的生活资料，甚至是很优质的生活资料。就是中国链人工智能重定义了工作（人工），无论是刚出生的孩童，还是年暮的老者，均是人工，

[1] 关于该原理的展开分析，可参阅即将出版的《中国链人工智能》。

甚至可以是**脑联网神经元节点**。

值得注意的是中国链人工智能沿用了中国链的定义：多中心化，合伙模式。也可以说这个思路一直指导着中国链的所有设计模式，不论是奇点之前还是奇点之后，都是一种“弦谐振”测试，或是一种共产模式的保守测试。我暂且不会开放更多的扰波进入我的私有宇宙，如传统金融、传统寡头等诱惑我的东西，但从建模角度上分析，能够吸收不同频率能量的模型，其自身的设定一定高于所有频率维度。以我的脑力，暂时无法实现，即传统经济不能很顺畅地在我的私有宇宙中生存，即便是中国链人工智能可以屏蔽很多噪声，但目前依然达不到合格的性价比，我想这是中国链人工智能做减法设计的初衷。哪怕是只对 500 人的小小私有宇宙有效，那中国链人工智能都是一个伟大的成功。甚至就只做 500~2 000 人功率的脑联网系统，然后再连接成脑联网神经网络，或许是建设中国链多维商业集群的最好内核。

第十九章

中国链大数据

数据，是所有已知的一种背书。人们觉得了解，理解，甚至通透什么事，均指“知道了所谓事物的数据”。话说的专不专业，能不能上台讲演，判断的标准是对“数据的熟知程度”。

一个悖论是，人的大脑优势并不在数据层，单一大脑在现今社会的数据模式下已无法独立完成任何数据拓展和验算工作。所以，人们创造机器去了解更深层的数据。

哲学是一种避开数据直接探讨根源的学科，在大数据的某个模式出现后，它将成为指导商业模式的高阶范式。现在的商业模式在未来哲学范式下均显得渺小而卑微。

如此说来，数据是高阶范式的一个通道，而不是让人类变得更迷茫的技术。

计算机诞生后的一个副作用是让使用者感到了“数据的存在”。同时，因为计算机用 {0，1} 的集合来表达思想，所以在某种引领下很多人将“数据”和“数字”混淆了。数字的无限性让人们误认为数据也是无限的，映射到哲学后就是越复杂的越先进了。

我对这种数据无限的认知有不同意见。网络要大，数据也要大，大网络下的大数据到底能改变什么？是产品形态和产业业态吗？但是，改变又不是升级，万一改得不好，没准会带来负面作用。

举个例子，几乎所有的互联网大数据企业都有根据用户的习惯为其提供产品和服务的商业计划。这是大数据一个独特的产品研发分支，但是一旦用户在一个产品设计的引导下形成了某个习惯，进而这个习惯成为社会普遍认知后，由谁来收拾这个结果产生的“噪声效应”。例如，“MCN 小视频”很快打破“中央电视台的节目编排序列”，很快在10~30 岁人群里形成潜意识行为基因，但这条基因一定比“央视 30 年产生的基因”优秀吗？

这是我对大数据的第一个质问。我想在面对目前所谓大数据产业崛起的孵化期，宏观会给出比较宽泛的收敛边界，或者说国家机器对一些基因的剔除是有把握的。

我对大数据的第二个质问是：商业算法迭代的基础是不是由企业自己定，迭代的目标是不是让许多人成为标靶。这种大数据产业设计，包括人脸识别、导航、翻译软件、语音系统，甚至传感器游戏、医疗小游戏，都是拿用户作为标靶形成所谓“大数据分析预知系统”，其发展结果是造成产业不均衡和高额的用户学习成本。

拿最朴实的导航大数据产品来说，地图通过“第六脏器”成为人们出行的必要选择，让人类感知到数据的强大及其不可替代的方便。就是这种方便性，在人类的潜意识里留下“开放标靶意识”，这种意识在需要的时候会摧毁一些看似不要紧的边界，让人类遵从甚至屈从于数据的导引。例如，企业在种植标靶的同时安装“数据收割机”，使企业可以利用大数据自如地攻击标靶的盲区，而不会兼顾所有产业的均衡发展。简言之，看似非常厉害的大数据正在让社会变得营养不良。

大数据的“统计属性”固化思维，会让一个私有个体无法在不学习、不投入的情况下使用大数据创造自己的思维，而且数据越大使用成本越高。这个结论一方面是企业标靶模式造就的，一方面是数据库在设计之初就留下了这样的“结局”。

任何事物都不会完美，大数据、AI、互联网是事物，所以肯定不会全都是好的。即便是产业寡头，也应有敬畏之心，抛弃偏见，让世界均衡发展。如果拿用户当“韭菜”，就如手机测算着换机率做更新一样，既不商道，更不仁道。

我看到的中国链大数据，或者说以任何一个人都可以为中心的大数据体系，是一种“治愈系的设定”。它的全称是**非关联性属性数据**，承载其运转的是**非关联性属性数据库**。

中国链大数据的模型定义——一人一库，并可继承。

这里的“一人一库”和之前的区块、私有宇宙设定不同，它是以自然人为单位建设的个人中心非关联性大数据库。

关于非关联性属性，只能给出一个商业说明：与关联性属性相对的属性集合称为非关联性属性。

本身是个游戏，让人去寻找一大批本不存在的东西。这个说明假设了什么呢？说明假设了所有现有的数据都是关联性数据，你需要创造现有数据之外的数据才是非关联性数据。

例如，小龙虾 + 封神 = 一个非关联性属性。

该属性在我的封神宇宙中产生的数据（资产）流动，就形成非关联性数据。这个行为，我称它为中国链扩展现实（China-Chain Extend Relation）。

这是治愈现实大数据之伤的一个办法，让每个人都成为“大数据的主人”，而不是“大数据标靶”。

根据中国链模式的设计，中国链大数据的产生来自中国链人工，并通过中国链智能送达每一个自然人，这是不是标靶？我认为是，如果不是标靶又如何治愈标靶！

用创造中和消费灼伤，可以让整个社会变得更加稳定。

不过，非关联性大数据的核心目的，并不是中和，而是创造共产接口。同时，它要用串接传统产业的模式创造全新的生产关系和生产力。

这样的设计观点表现了中国链大数据的维度理念，它把传统大数据摒弃的全留下了，然后去创造传统大数据以外的东西，这就像一个“暗物质收集器”，不看光不光彩，全看有没有真货。

这种设定在网景小镇的设计中可窥一斑。网景小镇是以农业非关联大数据为切入点发展整个数据小镇的产业的。中国的农业大县——监利县，面积非常大，人口 160 万，但几乎不为人知。目前，农业的发展一直在“蹭技术”，如有机、稀少、富含微量元素、电子商务、网红、农业大数据等，但赚的不是农业的钱，农业的生产者和相关税收均鲜有增长。

中国链大数据对农业的设计让政府和农产品生产者成为数据（资产）的投资方，通过智能合约获得非关联性大数据带来的共产流利益分配。也就是说，农民不用改变就能拿到更多的钱，也许他根本不知道所谓电商的存在、品牌的存在、有机的存在，只要知道是政策扶持让他用同样的劳动力获得了更多的钱。这个例子同样可以解释中国链大数据的标靶治愈作用。

接下来是中国链大数据的继承。这种继承行为是区块链拓扑变大的唯一通道。之所以唯一，是这种限制使得任何现实生活中的产品不能直接在中国链系统内出售或投资，货币也不行！

所有的国家公链赋能必须经过一个中国链非关联性属性的叠加，在私有宇宙中诞生出新的产品，才能够在系统内进行区块赋能。

这是一种商业纯洁的设定，这种“纯洁”就像屏蔽“用户”“消费”“企业”一样，用纯洁来划定边界，将巨幅降低系统维稳成本。

整个中国链系统是一个“纯供给侧”系统，国家公链掌握100%运算力。私有宇宙是一个纯非关联性大数据体系，屏蔽所有的“传统商品噪声”。共产流是一个纯共产商业模式，它的分配模式和传统没有交集，也就是所有收益全部是新增的。

国家公链的赋能让一个传统能量出现多维度商业运转，根据能量守恒定律，必须有其他的能量源参与运作，才能产生这种效果。

这个能量源就是中国链大数据。它的能量与生俱来，一直被埋没，经历了三个标靶时代后，开发人类最大能量源的时代到来了。

有意思的是，“中本聪区块链”的财富发掘系统被称为“矿机”，发掘比特币被称为“挖矿”。人类正通过“第四时代”的有序模式，进入一个全新的时代。

大数据的“大”字很有智慧，很具巧合性。“大”和“多”“广”的意思不同，“大”在宗教中代表着一种敬畏，真正的大都是相同的。

“大数据”在这个时代被孕育出来，出现的“传统大数据”和中国链大数据是一种天人合一的表现，是世界均衡发展的必然，而二者的孪生关系由上天注定。一个以世界已知为原材料，生成了二进制代码定义的大数据；一个以人类的弦能力为能量源，生成了包含二进制代码的广义大数据系统。

中国链大数据的微观建模、商业架构都不如传统大数据健壮，也就是其很多算法根本不适合在较大的数据容器中使用，尤其是“二人合约”，很特别，范围也很窄。所以，从个体看，都是小数据，能为一个个体赚钱的小数据。

中国链大数据的大是宏观的大，是一个“动态矢量坐标系”。微观表现不能反映整体的发展规律，甚至微观发展和宏观根本没有关系，这和“传统大数据的思想十分背离”。也正因此，中国链大数据是一个不坍塌的系统，存在“死亡”和“诞生”。死了的数据会被遗弃，这和传统全部保存不一样，中国链大数据的动态矢量象限中永远只保存活跃非关联性属性的状态，不会去存储这个状态曾经怎样。

更形象的理解是中国链大数据不是数据库，不能被动地为产品提供数据和数据分析服务，它是一个能量源，可以在一个时间微分内为一个脑联网节点提供来自全球的公链赋能。

我似乎看见了尼古拉·特斯拉的光辉，也似乎感觉到他对能量传输“神一般”的理解。感谢大神为我指点迷津，让我对能量有了更加完整的认知。

我发现我的私有宇宙变得越来越“懒”，越来越不用做事情。宇宙诞生力量来自国家公链＋中国链大数据，运转依靠中国链人工智能、云操作系统；商业能力来自地方政府的城市新经济生态园，收益来自共产流智能合约；大小依靠区块；活跃度依靠链。每一个人的思想成为私有宇宙神经元信息，决策成为宇宙大脑的神经元……

贺兰山上，微风拂面，夕阳西下，明月东升。

悠扬的琵琶曲传来，舒缓的曲风中暗含刚劲的力道。

我坐下，浅尝一口贺兰山的葡萄酒，欣赏那不知来自何方的琵琶曲。而后，我为那乐曲取了个名字：明月映贺兰。

有大事即将发生。孔明先生回到襄阳，赵公明不知去向，鸿儒会神秘莫测，而玄奘大师，我觉得那弹琴的人，就是他。

第二十章

自由基加密

我感觉中国链是一个巨大的费米子和玻色子的加速管道，给予其矢量赋能，让其在某个宏观范围内生成最终的思想。

这种矢量运动的方向是所有思想最大的风险。例如，曾经出现的经济危机就是一种矢量赋能层面的失误。在物理层面，阻止一个矢量的能量是一个计算的公式；在应用层面（包括社会经济系统），可以很容易地调整；如果足够宽容，甚至战争也是一种矢量调节的办法。让一个矢量改变方向，使其逆向、停止或消失，模型都不复杂；但对一个人来讲，调整矢量的方向很可能是“一生的代价”。

很多人的“一生”组成了一个“时代”。谁都希望赶上盛世、遍地财富、到处祥和，所以人们用情感寄托、宗教信仰来维持内心的平衡，让自己随波逐流，顺利地走完一生。

当卡尔·马克思创造共产模型并将其上升至“主义”时，人类获得了某种思想的指引。当时的资本主义和“未来社会”在某种形态上类似今天的互联网与区块链。

“主义”的目标是创建最优质的社会模式，所以封建、奴隶、原始称为社会，不能称为“主义”。在最初的社群、公社、国都是将决策交予一个人处理，因为社群的需求很简单，个人决策成为“弦矢量”的主要能量源。

“主义”时代，人们试图构建一种“更有效、风险更低的弦矢量”，资本主义率先发力形成非常完整的系统。资本主义的核心定义是资本。但是，什么是资本呢？

资本是一种弦约束矢量，它的建模思想源是“制作一种和每个人都相关的标靶”，通过收集标靶信息，生成某个加密的能量，当某个能量大于一定阈值后对其开发能量释放器，让整个资本在某种可控和有序的基础上按计划发展。

资本标靶其实是虚的或是形而上的，但在不同的时代，通过对“不同的标靶信息进行加密编程，形成资本标靶的实物代理，用以完成弦矢量的有序构建”。

黄金、货币、能源、地产、股票、科技都是不同时代的“实物代理”，如今科技 + 股票是风头最劲的实物代理。货币被边缘化，它更多的是用来“出品一些数字和交易媒介”。例如，某人身价 4 000 亿元，这并不代表他可以控制“价值 4 000 亿元实际标靶能量”，更多的意思是让他作为白手套生成更有序的“标靶能量”，而他的大脑就是一个“密码生成器和加密服务器”。

马克思在资本主义已经形成矢量约束后，提出了一个形态——“未来社会”，在高度发达资本主义后将会形成的一个弦矢量约束模型。

“未来社会”的核心是共产。

什么是共产呢?

多条资本共同存在且矢量方向在一定象限内有相同的收敛边界。所有资本由一个加密算法联通，用以保证资本能量工作在可控最大功率值内。

可以看出，共产其实是多维资本，就是在现有的基础上创造更多的资本并协同工作，“未来社会”是资本共产不是个体共产。这很好理解，社会个体是无序的，封建社会走向灭亡已经说明个体共产的失败，“普天之下莫非王土，率土之滨莫非王臣”的思路就是个体资本标靶的实物代理。

这个结论也证明资本是对君王的扩展，它在尽可能多地发展“君王”成为其代理，进而管理世界。

如果说君王是一维的弦约束模式，资本是二维的弦约束模式，那么，共产是“三维 +”的弦约束模式。我现在不能确定“共产”的约束能量是否仅限于三维，这种不能确定来自**共产密码**和**加密服务**。

关于共产的社会学层面科普：

◇ 共产不是大锅饭，不是平均主义，乌托邦对共产的错误解释导致它的失败。

◇ 共产不是消灭资本，而是继承资本，就如资本继承君王一样，共产同时继承君王。

```
class Capitalism extend King
{
}
class Communism Extend Capitalism
{
}
```

◇ 共产最小弦约束是两个人之间的智能合约。

◇ 共产的资本容量暂无上限。

共产的标靶赋能是“无限制创造君王”，进而生成“无限制的资本”，由国家机器生产一个加密规则，管理所有资本的弦约束，让其在一个象限内相同的收敛边界内发展。国家机器负责生成该“收敛”的样貌系统，并利用标靶输送至每一个工作单元（区块）。

如果将互联网看成资本，则区块链就是共产。区块链可以无限容纳互联网以及和互联网类似的人工智能、大数据、云计算、智能装备制造等“资本标靶”，就如“城市新经济生态园”。而百城百链则是多个资本并网运行的实例，其中链将会以一种加密形态向所有标靶输送弦约束信息，以保证其私有宇宙的费米子和玻色子在有序的通道内产生思想波。

从维度层面分析，共产加密和资本加密在目标上有明显区别，在微观表象上也有很大不同。虽然很多共产加密模型继承资本加密模型，但仅仅是继承。

```
class Communism Extend Capitalism
{
}
```

做大量的“封装”工作，同时创建很多新的属性和方法，是为了在三维管理模式下提升每个资本的效率，也就是“降维打击”。

首先，共产加密形成的标靶对“君王”做了升级，让其比资本时代更有序且效率值更高。共产加密重新写了“君王（寡头）”的物理实体和操控实体的数据库，将其由一张表变成两张表，也就是一个物理的人可以做多个寡头、拥有多个加密序列，可生成多个维度下“资本实物的密码生成器和密码服务器”，同时，一个密码生成器和密码服务器可对应多个资本。[1]

这种设定让每个人成为“中心”，所有维度的资本实物均可以用其密码生成器和密码服务器的能力，形成一个类似现今的“商业帝国”并存活在一个区块链拓扑内。区块链从来不反对“商业帝国”的生成，而是希望大量地创造不同维度的“商业帝国”，当然这里的维度不是产业而是共产容器内的资本。

中国链密码指的是**共产弦约束码标准接口**，也就是在一个资本环境下，大脑对某种加密弦能量的接收接口。密码的编写规则由国家公链给出的，与资本密码的编写流程类似但内容不同。每个大脑都是一个标靶，在可控弦约束管道内，其大脑遇到密码后会通过自己的解密系统解读出不同的玻色子和费米子同时生成思想波，能够成为“君王或寡头”的，就是最有效的解读。

自由基加密

由以往的经验分析，资本发射的寡头密码可以搭载很多产业、政策、金融、股市的谐波，通过媒体向全球发射。这是一种自由基密码，其中加入了很多来自幕后的“产业密码段”，如来自金融货币的、来自股权资产的、来自科技的，甚至来自政治的。可以想象，这种密码肯定不是混沌无序的，经过百年的沉淀，这种密码已经非常完备，当“第六脏器”的标靶变得更实用时，大范围、高效率寻找解密的大脑并使其成为密码生成器和密码服务器，才是互联网的“本职工作”。

自由基密码的加密模式，我只能猜测。我认为，“大学教育”应该

[1] 这里设定的代码，可参阅即将出版的《中国链自由基密码》。

是“加密模式之一”，所有的学科设置和教学体系都是将一组精英的大脑规范到一个弦约束的通道内。观察经济学、金融学、哲学、应用科学等教育的模式，可以看到很多属性完全一致[1]，也就是约束精英的思想向一个可管理的矢量上泼洒弦粒子。全球的精英选拔过程都很类似，都是看其大脑的差异化程度，艺术、数学、语言、文化、体育、代码设计等成为进入名校的评判标准。一句“小孩子读好书，上名牌大学”，就让资本自由基密码工程顺利地在全球实施。

资本自由基密码和科举制度完全不同，和君王及寡头挑选团队的模式根本不在一个维度，我坚信是这组密码消灭了君王并让君王臣服于资本，社会由此进入蓬勃发展的阶段。君王蜕变成寡头，也是来自这组自由基密码的约束，这组密码里保留了君王的气质，用商业通道代替其政治野心。国家机器的能力远超单一君王的智慧，是资本自由基密码超自然能力的实例展示。一个人颠覆一个国家甚至是一个体制的事情不会再发生，不断发生的只是“寡头”的更替，按照资本自由基密码的约束矢量方向更替。世界在自由基密码的指引下，向更高维的方向发展。

如果我们宽泛一点，将每个上市公司的掌舵团队看成一个寡头团队，我们的世界正在被数以万计的“君王”托举着前进。这在封建社会是不可想象的，“君王”数量正成千倍的增加，各大名校每年还在产出新的“君王”，这就是二维密码能量碾压一维密码能量的实例。

资本自由基密码给我们的启示，只要不断地扩展疆土（产业），就会有足够的“君王”站出来书写自己的历史，世界经济完全可以表达成一个“君王函数”：

$$\text{世界经济}=\int f(\text{寡头})$$

资本自由基密码的弦约束是人类目前为止最伟大的能量表现，而

[1] 关于属性的细节分析和对比分析，可参阅即将出版的《中国链自由基密码》。

且其能量的成长还远没有结束。

如果每个人都带着对自由基密码的敬畏开始自己的求学生涯，不敢想象我们的经济体会变成什么样子。我想，在这一组自由基密码内一定有一个筛选机制来控制同一时间寡头的数量及其死亡率，以保证能力和资源的高效匹配，不至于发生大规模资源争夺战争，进而产生类似经济危机的“模式漏洞”。

这就注定有些人生来就不能自由地展现自己的思想，大多数是因为他们无法解密自由基密码，当然也会有相当一部分可以解密的大脑因为限制原因“死掉了”，“一将功成万骨枯”，想必有本该是寡头的人为了密码约束能量的稳定慨叹自己生错了时代。

从数学角度分析，人类社会最佳的弦约束能量应该是：寡头数量恰好能完全使用社会资源，不多也不少。但是目前的资本自由基密码系统应该做不到，它本身的局限性造就其密码系统的复杂性超越了人类认知的水平。不管再怎样宏观调整均不能达到平衡，甚至动态平衡都不能，只能螺旋式成长，这就给人类的发展“挖了个坑”。就如电影里的大反派，一旦解密了资本自由基密码，就很可能产生不可逆转的破坏。目前很严重的环保问题也是解读资本自由基密码的寡头造成的。

我称这种现象为**自由基无序现象**，人类自身的不完美使其设计的弦约束模式和传播能量加密无法完全“既自由又有序”，或者说，在二维的密码系统中目前找不到“调和”的办法。

值得注意的是，“自由”和“有序”不是“反义词”，而是两个平行属性，二者的能量波及范围在资本维度没有交集。也正是“没有交集”让自由基出现了无序现象，从而出现宏观和微观不统一的复杂结果。

如何让自由基有序有交集呢？或者更进一步，二者有交集后会融合出更具优势的资本自由基密码体系吗？由此产生的新寡头会具备更好的收敛边际率吗？

令人失望的是这些问题目前根本无法回答，只能依靠一个更高维的新沙盒才能获得有效的观察结果。我能够想到的，就是共产。

中国链自由基密码

可以这样设想，如果将资本的维度扩张到三维共产维度，在每一个资本微分内依然以现有的资本自由基密码为测试起点，至少可以得到大量的简化样本。

如果一个私有宇宙只有一个寡头（不是“君王”），这个宇宙就会提供一个“最简自由基密码解密序列”，这是中国链多中心化的智慧体现。当国家公链通过观察窗向其注入有序能量后，可以很清晰地观察到，寡头对有序能量接入产生的反应。通过调整能量源、强度、矢量方向等参数，肯定能获得一个最简自由基及有序能量融合模型，这就是我们一直想要的中国链自由基密码。

利用链模式链接两个最简私有宇宙，可以得出不同二维空间内自由基及有序能量融合模型。也就是，共产自由基密码的根通过中国链根服务器，开始向所有类似资本维度注入该弦约束，形成一个简单弦矢量，最终得到一个“产业集群”——共产经济体。它可以是一个“未来社会”产业，或是一个新经济城市群，也可能是一个“未来社会”底层技术服务模式。

数据货币和区块链金融很可能是最先植入私有宇宙的有序能量源。共产流在单一私有宇宙中的人工智能体现将会反馈有效的数据，而且是一组有效的矢量数据。

由此我们会发现“未来社会”对资本主义的维度升级，就是多矢量。多矢量在二维空间里会形成两个能量的衰减叠加，但在三维空间里会形成总能量增加。

中国链自由基密码的模型在二维空间被简化，在三维空间得到无限量的扩展，当多个简单资本的矢量总能量之和大于资本弦约束下的社会总能量时，“未来社会”就会优于资本主义。这种趋势就如资本吞吃“君王”一样，是社会的必然发展规律。

从以上推断可以看出，“未来社会”将会有一个保持二维简单和三维无限扩展的设定，这是“未来社会”的一个雏形，远不是最终结果，或者说“未来社会”不一定是人类思想最终的自由基密码模型。

我越来越清晰地看到中国链的模式对自己的改变。它希望成百上千倍地生成简单寡头，并让他们在不产生斥力的空间内协同工作向社会赋能。区块和链的本质，是将资本简单化并多维化。

中国链自由基密码降低了寡头的标准，我想不出一个更好的名字命名“未来社会”寡头，暂以简单寡头代之。

就个人而言，以现在的标准，一生消费 3 000 万元已经是很幸福的事了，但让自己的思想成为万众瞩目的“道”才是人类文明发展的需要。

第二十一章

国控开关

对于国家机器而言，在共产经济多维模型下，如何利用共产自由基密码培养简单寡头，是突破“单进程单核模式”的一个可以看见的沙盒模型。

共产有序约束和自由基约束形成的“共产标靶密码能否会优于资本自由基密码系统”，答案并不一定是乐观的。

共产有序约束 + 自由基约束产生的弦约束通道，对费米子和玻色子的形成及泼洒结果不是可以推演的方程，或者说，依靠理论建模暂时无法得到结果，需要一些“大胆的尝试”。例如，社会主义全民所有制是一个成功的结果，它让有序的能量在宏观层面收放自如。

接下来进入“与密码生成器和密码服务器的对接测试”。我认为中国链：多中心化，自由基加密合伙模式，就是一个测试接口。

```
Include communism.china-chain ;
Include china-chainDataBase.china-chain ;
Include universe.china-chain ;
Include city.china-chain ;
class China-chainCryptogram extend Communism
{
    private Cryptogram communismCryptogram =
              father.createCryptogram (12345) ;
    protect Cryptogram  getCryptogram( int index )
    {
              if (index == communismCryptogram.getIndex (      )
              {
                        return communismCryptogram ;
              }
              return null ;
    }
    }
```

```
class china-chainBrain extend China-chainCryptogram
{
}
```

一个错误的认知可能会在此处发生，即“共产有序是宏观的，自由基是微观的”，这是资本自由基密码系统的标靶造成的某种惯性思维，或者是对“大与小”“多与少”的逻辑定义的结果。

中国链的观察点是一个中心点，需要共产有序约束和自由基约束两个服务来建设自己的私有宇宙，从其自身来看，仅需要一个先进的自由基就可迅速成为简单寡头，它不需要看到共产有序约束。

所以，共产有序约束是共产自由基密码的一个服务，是由国家公链开发的。具体的是否收费、怎样收费、是不是利用合伙技术进行利润分配，都会写在服务智能合约中。例如，关于个体教育的付费环节，要看国家公链的赋能模式设计。“未来社会”的“三维 +”多样化，让我对未来世界充满了期待。

从个体的角度看，可能面临阵痛期，会出现“幸福的选择恐惧症”。幸福的是，生活的基础需求变得越来越容易获得；恐惧的是，新思想涌现速度迅猛，一不小心就脱节。

这种“‘未来社会’新矛盾”应该控制一下，这就需要国家公链提供另外一项服务——**国控开关**。

目前，我认为国控开关的第一项工作是设计共产有序约束的迭代算法来控制简单寡头的“简单门槛”。

来看一个设计实例。以资本自由基密码系统为迭代算法，利用“未来社会”“三维 +”的优势创造更多的平行空间，让牺牲的“寡头”复活，这样可以获得一个“小小的阶跃”。

那些本该是密码生成器和密码服务器的寡头，最希望得到这种激活指令。例如，互联网行业在资本自由基密码系统内，远远没有释放其巨大的能量，这就完全可以实施一个城网计划，将现在的互联网产业直接装入城市网，生成一个新经济城市群，然后激活更多密码生成器和密码服务器，在 100 个城市内生成 100 个约等同现在互联网产业规模 10% 的城市网，就可在短时期内获得 10 倍于现在互联网产业的新兴业态。

在此基础上，利用中国链植入带有共产有序约束的能量源形成一个**百城链**，让简单寡头继承刚刚被激活的寡头的自由基密码和秘钥，形成更多维度的探索。

```
class Oligarch  extend Capitalism
{
}
class CommunismOligarch extend Oligarch
{
}
```

这是共产维度的一个三维化渠道，在目前的政策面可以说“昨天是先富带后富，今天是共同富裕”。

让简单寡头继承寡头的密码并利用智能合约指定这种继承的分配模式，是国控开关的算法迭代动能获取的第一个赋能点。而百城链是“沙盒范围约束”，属于第一个国控开关的约束属性。

100 个百城链的设计会造成“恐怖沙盒”，如果不加以限制简单寡头很可能会出现“网红效应”，导致整个测试失败。在 2018—2019 年，在 CommunismOligarch 类的构建期对其数量上线应有所限制。我觉得每个城市 1 500 个区块的限制可以作为一个国控开关的属性值。

```
class City
{
    public CommunismOligarch getOligarch ( int index )
    {
            if( index<1500&&index>=0 )
            {
                    return createOligarch( index ) ;
```

```
        }
        return null ;
    }
}
```

这个设计是对一个城市 2~3 年内的“优质本科毕业生”量身打造，让优质人才在所属城市创业并给予国家公链的赋能，或将成为城市新经济生态园的一条国控开关政策。

百城百链 15 万的区块容量，理论上可产生的链和区块链拓扑能达到“跨维度无限”。中国链根服务器、云操作系统可以做某种“无界模型设计”，就如广义相对论对宇宙的模型设计类似，无边界且连续，在三维空间的投影是个“球”。但是，我觉得在实际情况中，没必要一下子做到“假设完美”，我们需要的是“实用模型”“复杂模型”。

在**百城百链**的模型中，设计多少简单寡头让其生成私有宇宙，是国控开关必须考虑的调控开关。

对于资本自由基密码系统对社会的弦约束表现出很多无限字段，有序能量约束与自由基约束也不是继承关系。

对于现有的资本自由基密码系统，国家公链无法直接硬性植入国控开关，如果让共产有序约束和自由基约束有继承关系，需要在导入资本自由基密码系统时对其进行必要的有限改造，去掉一批无限属性。就如基因工程一样，这个工作由中国链智能、中国链云操作系统和中国链根服务协作完成，而样本提供方是区块产生的人工。

共产在每一个资本维度加上一组国控开关，让流过开关的能量具备继承于共产有序的自由基约束力，会让私有宇宙变得更“纯洁”，同时也会让寡头的密码更易于封装，暴露出的接口更可控，简单寡头的密码设计过程和密码服务就会更清晰，他们不用设计企业密码、用户密码、消费密码，也不用考虑标靶状态，只要按照上级密码泼洒弦粒子使其在约束下产生思想即可。

国控开关在这个闸口的设计，并不是要改变寡头的属性，而是要加快寡头的形成速度，也就是说简单寡头在个体属性上和寡头无区别，只是在“未来社会”环境中更容易实现自己的宏图大业，有时间设计更多的密码和密码服务。

如果国控开关最开始的设定是一个私有宇宙有一个简单寡头（CommunismOligarch），那么一个城市有100个私有宇宙，100个城市就有10 000个链，暂不允许一个物理寡头生成多个密码系统和密码服务，那么共产沙盒的简单寡头上限是10 000个，和现在的经济总量齐平。这就创造了一个双核共产经济体——传统经济和新经济，并形成最简“未来社会”经济模型。随着沙盒的升级，每一个私有宇宙都可以以自己为中心继承原始的共产自由基约束、简单寡头密码系统等内容，生成自己的自由维度，实现中国链的理论定义：每个中心都是一个现有的经济体实例。这个实现速度，要看国控开关的设计模式和国家公链的密码系统构架内的时钟属性编写规则。我想，国家公链内的共产时钟可能是超越目前所有公开技术的“巴别塔”。人类在即将长生不老的时候所要面对的未来困惑，也许在时钟序列中都已有了答案。

按照国控开关的原始迭代模型设计，世界将会在“未来社会”时代，进入多进程（多私有宇宙）无限核（无限共产自由基密码系统）的广阔空间，每个大脑在脑联网的作用下，均可生成自己的自由基密码系统，并在一个有效的弦约束内联合创造一个“完全信息对称世界”。

但是我认为，这种美好愿景的背后所隐藏的未知，需要**国控开关**砥砺前行，需要每个阶段开放性的阈值设计都对且可逆或可控，这也是“‘未来社会’时代领导团队”的艰巨使命。目前，联合国系统无法承担缔造“人类命运共同体”的模型，需要建设更高效的系统组织应对掌控未知。

共产弦约束系统可以通过切断链的方式，让某个或某一组的私有宇宙甚至城市率先尝试未知，如改革开放初期的深圳、互联网时代的杭州，在“未来社会”时代可能会有更严谨的边界设计来迅速得到未知属性和寡头密码系统产生的结果。

这是“开关”这个词的本义，国家公链在控制规模的同时，一定会在共产自由基密码系统内植入链熔断规则，并掌握“断链”的能量，这样才能安全地掌控“未来社会”强大的赋能模式。

对于国家公链的接口城市而言，城市新经济生态园变得十分有趣，它将是一个无边界的共产自由基密码系统的接口，是简单寡头的孵化器。那些曾经倒下、不曾浮出水面、被遗忘的具备寡头密码设计和密码服务能力的人，都将向这个园区聚集。一个新的生态在国控开关的政策实例引导下，将迅速建立起来，并以惊人的速度蔓延。

国家公链的国控开关开启的这个生态最后的一道闸门可能是分配模式问题，即中国链共产流，利用智能合约让生态内的人放弃“挣钱再花钱”的想法。这是一种共产有序赋能的过程，在已经具备先进国家机器模式的“社会主义公有制国家”内是件非常容易的事，在“社会主义核心价值观”中也有很明确的展现。

国控开关通过百城百链的疏导，以及共产自由基密码的根服务，会让很多现有的资本自由基密码系统变得更清晰、更简单，甚至“孩童都可以上手”。人类历史上可能会首次出现“发财的机会比想发财的人还多”的现象，那是“‘未来社会’初级阶段一个有趣且发人深省的现象”。

国控开关对这种机会的控制十分重要，在世界观和价值观密码都已经安装进标靶基因的资本自由基密码系统内，贸然提出一些固化的属性可能会造成不可控或不可逆的结果。虽然国控开关的密码内含有共产约束的能量，但那一定是一种倾向润物无声的温和能量。所以，在“未来社会”实施初期，可逆性和可控性两条密码应该直接装入寡头的密码系统，并形成对简单寡头的不可更改继承。这个密码实例在智能合约中有所体现，在国控开关层面，还需要有更清晰的约束能量链接，必要的时候可引入 f（法）的约束力。

我们需要客观地认知自己，在法律面前的平等并不等于在所有机会面前都要兼顾思想层面的价值观。因为，在看上去很文明的今天，资本自由基密码系统中含有很高级的“文明收敛约束模块”，但依然不能让所有人在思想层面感知到“知足”“美好”。

在人文层面，国控开关很可能还会限制“什么样的弦粒子”可以进入“未来社会”自由基密码系统，这是人类历史上的绝对创举，不再用任何规则限制群体的属性，而是用人自身的思想能量区分其可以达到的生活空间。

国控开关的约束建立在“人的思想是可以成长的”前提下，这个前提一定是正确的。国控开关很可能生成不断升级的教育密码模块，加速或扩展人类的思想成长速率和能量，同时追加一个共产有序能量引导其向收敛内泼洒。

现实世界中的很多人，在发泄不满情绪时都将“寄托”留给超自然的能力，这是资本主义不够先进的核心表现之一，也是它的必然结果。更高维的“未来社会”一定能在自由基密码系统的设计上，让标靶对象有超脱的感觉。

第二十二章

中国链联盟链

我被鸿儒会绑架了，思想的绑架。

他们似乎很能洞察我，总是先我一步植入他们想要的东西。

据我所知，鸿儒会是一个远古组织，掌握着一组高级密码，可以激活很多始祖，在必要的时候完成意想不到的事。他们在我的脑子里装入“中国链”的一组解密波，让我随处感知中国链的存在，并在很短的时间内让我踌躇满志或悲天悯人。我自知不是经天纬地之才，也不可能直接变身绿巨人，那我为什么会在这个“大计划”里？

我的封神宇宙进展得超乎想象的顺利，就如网景小镇的卷宗总在我几乎要放弃时出现在 Orion 茶社。

在经历了两个月的小兴奋后，我变得很忙，甚至开始编写商业计划准备参加全球最知名的创投大赛——Orion 创世纪。我要挣一个亿，干点小老百姓心中的大事！

中国链自由基密码让我找到一种分析或预测结果的通道，让我了解中国链人工智能就是希望用脑联网的方式增加简单寡头并使密码设计和密码服务比资本自由基密码系统传达的谐波更容易形成约束。

对于个体来讲，不会直接接触最原始的自由基密码，就如一个农民不会见到“君王”。绝大多数的人生活在某组人的自由基密码系统和自由基密码服务下，在资本主义中这组人通常就是寡头。

资本主义将人的需求进行**切片细分**，而后创造**细分自由基密码模块**，并给出“可继承”的接口和一组可以“重载的方法”。正是这样的设计，让很多人类的思想得以向有序的方向泼洒，创造出今天这个舒适度超越任何历史的繁荣社会。

资本主义的切片细分模式产生的自由基密码模块，经过寡头的接口继承，形成产业实例——企业！

这是对“君王”的一种“简化”和“维度扩展”，让不同行业的寡头在一个社会内和谐发展；让我一年的经济总量远超有史以来经济总量之和。

我必须承认，人类向一种更有序的方向发展，并不断削弱密码系统和密码服务之间的斥力。显然是有一种温和之力在推动人类的文明前行，人类达到了空前的繁荣。

按照这样的社会发展思路，“未来社会”的自由基密码基础对“斥力消除”这一组属性和方法的设计，很可能要重构资本主义的设计。但是，重构方向是什么？就是消除寡头斥力。

```
class Oligarch  extend Capitalism
{
    {
        class CommunismOligarch extend Oligarch
        {
            public reduceOligarchRepulsion（ ）
        }
    }
}
```

这个重构函数 public reduceOligarchRepulsion（ ）内，很可能有一个三维指针构造器。

```
class CommunismOligarch extend Oligarch
{
    private CommunismPointerContainer
    communismPointerContainer = new
    CommunismPointerContainer（“共产模式编码”）;
    public reduceOligarchRepulsion（ int index1， int index2）
    {
            if（communismPointerContainer.getIndex1（ ）== index1
            &&communismPointerContainer.getIndex2（ ）==index2）
            setCryptogramPointer（communismPointerContainer.
            createCommunismPointerContainer(index1 ， index2));
```

```
    }
}
```

这种设置的思路是“将一维君王扩展成二维寡头”“将二维寡头扩展为三维简单寡头”。

当“君王”被限制在一个产业中的时候，如“互联网产业”，它的攻击目标也集中在产业内。

产业越多、产业链越长、产品垂直细分越细，则产业寡头容量越大，寡头之间的“竞争斥力”越小，寡头造就的密码系统和密码服务对标靶的覆盖率就越高，经济发展有序性就越强。

这种资本自由基密码的实例，有一个很规律的表象：

当一个产业刚起步，寡头不断产生，大家互不见面各自发展，寡头斥力很小，产业高速发展，俗称“蓝海市场”。当产业内的寡头足够多，资源成为稀缺，寡头斥力很大，产业稳步扩张且备受瞩目，各种参与模式出现，俗称“红海市场”。再后来，寡头所剩无几，大寡头诞生，大家坐下来谈判，垄断整个产业，防止被新生力量取代，产业进入“竞合”期，产业融合发生。这种行为经常有意外之喜，虽然有些产业被打倒，但是产业入侵却是新产业诞生最好的温床，新一轮的“蓝海”诞生，俗称“洗牌”。

资本主义自由基密码规律展现出资本主义的健壮性，其宏观有序程度已经很高，国家机器的弦约束模型变得越来越有“可预见性”。

我认为，“未来社会”的模型设计会对“红海”阶段给出原始迭代算法。因为，“死去”的寡头所贡献的能量被浪费，甚至成为产业发展斥力，但从理论上讲，任何寡头所创造的密码系统和密码服务对社会都是正能量，只是需要一个更好的弦约束模型。

假设：利用“未来社会”的三维产业理念为寡头密码系统和密码服务创造更大的维度；最大限度减低寡头密码系统中的斥力，创造一个“未来社会”经济模型的初级迭代因子。

我把这种设计称为中国链联盟链：所有的寡头均有一个接口链接

国家公链，并可在任何私有宇宙内生成一个以自己为中心的产业维度。

通过向中国链根服务器注册自己的密码系统的模式，扩展自己的区块链拓扑，并形成产业标靶。通过自由基链向标靶传递“带有国家公链智能合约的密码服务”，进而形成一个自己独享的寡头空间，寡头空间和国家公链形成的拓扑，称为中国链联盟链。

寡头空间和国家公链间形成一个更健壮的“奇点赋能模型”——共产奇点沙漏。让私有宇宙在生成阶段就能获得一个资本自由基密码系统，而不必寻找创业者从原始社会开启自己的“宇宙发展史”。

在这种设定下，“私企”形态被消亡，当然没了“私企”也就没有“国企”，都升级成一种共产形态——寡头空间，寡头之间的斥力很难发生，国控开关可以轻松地控制寡头空间的能量赋能方向，甚至可以生成一种绝对中心法则。一旦寡头空间产生斥力，均可以利用该法则将其能量吸收至国家公链，让两股矢量能量找到合适的通道。

当然，**绝对中心法则**并不是最好的模型，最好的办法是建设联盟链链规则，这是一个根服务模块。

可以预见的是中国链联盟链会让地方政府的经济模型发生一次史无前例的突变：

全球的寡头均可以在其城市内开设自己的“未来社会”实体（企业），而且互不干扰。同时他们还可以在其他城市也开设“未来社会”实体，城市之间的税收内容互不影响[1]，如果联盟链链规则开启试运行，其所有城市的实体均会给每一个城市带来更大的广义税收、区块链金融业务和国家公链赋能转化。

寡头的春天来了，蓝海、红海都没有了，国家公链向其伸出了橄榄枝。

这是“未来社会”自由基密码系统的一个“前置实验”，或是一种对改革开放四十年成功经验的继承。

国家公链利用“社会主义全民所有制”的优势，瞬间聚集能量。如

[1] 广义税收模型，可参阅即将出版的《中国链根服务系统》。

果真的允许任何人都可以"以自我为中心"创造"一个类似于先进传统经济结构"的"新经济空间"，那绝对是"理论"，或是一种理论上的可行。实际上，只能是一个分段式的**密码系统工程**。

可以看到一个模型设计如下：

国家公链最先开放的数据资产接口，一定是具备完整行政管理体系的市县，并以此为容器生成联盟链孵化器，也就是城市新经济生态园，而后利用城市网这样的国家公链密码，寻找简单寡头标靶完善自己的奇点赋能的准备。此时的简单寡头处在一个很有趣的阶段，我称其为**摩羯阶段**，也就是鱼化龙的变身阶段。

当简单寡头完成一个合格的联盟链节点建设后，其将具备企业和区块两个纳税实体，并会被根服务器识别，成为国家公链智能合约的一部分。

在我的封神宇宙诞生的瞬间，获得的是一个带有"寡头智慧"的资本宇宙，而不是一个荒芜的空间。

简单寡头通过奇点，直接进入我的私有宇宙，但其只能携带区块进入，企业会留在传统经济层面继续发挥其原有的效力。

我和简单寡头之间的关系将会是一种链关系，这个链继承于联盟链智能合约，当然我们都是国家公链的继承类。

我希望简单寡头能够留在我的宇宙继续创造密码系统和密码服务。因为简单寡头是形成标靶的能量源，其智慧是我所不能企及的，而我需要为其提供一个智能合约和一个可以让其瞧得起的链。那么，我应该是谁？我也必须是简单寡头！

在这个设定下，私有宇宙本身就是寡头空间，具备所有联盟链所能够接收的自由基密码模块，私有宇宙链接是联盟链的一个拓扑结构，和国家公链是一种"直连"模式。

可以看出，国控开关在奇点赋能之前和奇点赋能之后对联盟链的设计是连续的，这是一种能量的连续，而私有宇宙、寡头空间只不过是一种能量的两种物质实例。正是这种设计才能让简单寡头间形成一种"多对多"的关系。

一个“未来社会”简单寡头的生存方式被彻底改变了。它的认可方式来自国家公链而不是证监会，它率先生成一个只有“自己”和“国家”的联盟链并获得智能合约红利而后等待私有宇宙的链接。

既然称为寡头，其内心一定不断膨胀，它需要更大的空间展现自己的密码系统和密码服务。于是，它进入其他寡头空间，利用链规则在别人空间实现自己的野心，一个空间不够就进入 10 个，10 个不够就进入 100 个，由于“‘未来社会’三维 +”模式的设计和所有寡头空间不会发生斥力现象，几乎不会感觉到对方的存在。

国家公链 + 联盟链的区块链拓扑设计，最大限度地避免了“寡头杀寡头”的“无序熵”损耗，让寡头形成共产。

你中有我，我中有你，但不接触，今天合伙明天散，智能合约 + 共产流控制收益分配，是共产联盟的“生意经”。

是时候升级中国链的实例能量源名称了：

【共产联盟】=【国家公链】+【寡头空间】+【联盟链规则】

百城百链是共产联盟的一个实例，2018—2020 年城市新经济生态园预计还会孵化出一组共产联盟实例，简单寡头会如雨后春笋般涌现，而中国链就是那场“雨”。

{

画外音

先从整个脚本出来，这里是本书的编写团队写的阶段性总结。

各位同学，你能在 2018—2020 年选择学习中国链，我们认为，你是具备寡头基因的，我们的任务就是激发你的密码系统和密码服务设计能力，让全世界都成为你的标靶。

到这一章节，我们给出第一次作业：

请编写一份寡头计划。

画外音结束

}

我躺在床上，两眼望着天花板，嘴里咀嚼棒棒糖，《鹿鼎记》掉在地上。

韦爵爷的传奇是我逃避中国链摧残的精神支柱。

也许中国链就是武功秘籍，让我冒死打通任督二脉仗剑走江湖。

时至今日，我已经被证明，我是和比尔·盖茨、史蒂夫·乔布斯一样的寡头，这也许是鸿儒会选择我的原因。

我突然冒出一个奇怪的想法，除了我还有没有“同类存在”。那只陪着赵公明的大黑老虎曾给我留下过三张卡片，倘若我在卡片上面写上名字，那人就会被“封神”！时至今日，我似乎理解了大黑老虎的用意。

我缓慢起身，翻出一张卡片，郑重其事地写下了一个人的名字……

第二十三章

中国链扩展现实

关于扩展现实的提案，（资本）技术层面给出很“踊跃”的设计方案，有很多人做了类似科幻电影一样的“所谓扩展现实的定义”。

“电影”是迄今为止“扩展现实产品最成功的领域”。所有的电影都是扩展现实产品！“艺术源于生活，高于生活。”从收益层面看，从事“艺术产品”设计的劳动者的平均收益也高于其他产品生产者的平均收益。

把电影称为扩展现实产品，是因为我最近毫无缘故收到了一个电影剧本——《冬日威胁》，其内容均和现实相关，时间轴也使用和现实相同的设定。

承德市西面有“双塔山”。双塔之顶各建有道家龛庙一座，内住道门大士，有窥察守卫的功能，龛庙的时代可追溯至辽。

承德市西偏北是著名的“避暑山庄”，自康熙帝始每年人间大君需在承德居住半年。

承德市正北是普宁寺，又称大佛寺。主殿后设有全世界最大的千手观音木制法像一尊，千眼齐开，面目严厉，现惩罚像。

承德市西北面是仿西藏布达拉宫的普陀宗乘之庙。

承德市东北面是“棒槌山”。站在棒槌山上，还会看到“天桥山”，据说是玉帝统领的仙界的南天门，仙界大军随时可杀入承德。

承德市正东面有弥勒佛祖（罗汉山），数万年岿然不动。

承德市南面有“僧官帽”。降龙以帽子作为法器震慑于此。僧帽山下有“半壁山”的矮峰，降龙之臂断于此处！

承德市西南侧有金桥银桥的古迹。传说金桥银桥跨的是冥界的奈河。

如此大局，世间绝无仅有。

没有人知道这个局的目的是什么！是封印？

还有一些事情也令人对承德充满遐想：

避暑山庄有一座全部使用纯铜打造的殿宇，称铜殿。铜在当时可是铸币的材料。

普宁寺大佛巨大无比却以木制，木制器物不是不易存世吗？

人间大君，密宗佛祖，为何要长时间、有规律驻扎承德？

……

我起身前往河北省承德市，去印证剧本里的事情。

扩展现实（Extending Relation）是中国链系统中最难理解的内容之一。其原因是，关于扩展现实很难给出相对收敛的定义，或者说人人都能给扩展现实下定义而且都是对的。

对于这类情况，我的设计通常是给出一个空的基类，或称为虚基类的一个模型实例，对扩展现实给出“包容性”思维范式。

```
class ExtendingRelation
{
}
```

我认为**扩展现实**是一个“有边界集合函数”。

直接从一个“扩展现实物品”定义**我的扩展现实**。

> **扩展现实物品** =*f*({现实物品 1，现实物品 2…非关联性属性 1，非关联性属性 2…})
>
> **扩展现实世界** = {*f*1（{扩展现实物品 1，现实物品 2…}），*f*2（{扩展现实物品 1，现实物品 2…}）…}

从定义方程可以看出，我设定的扩展现实物品由“有限的现实世界物品”与“有限的非关联性属性”产生的一个函数关系，而形成“全新的事务”。

```
class Relation
{
}
class UnralatedPara
{
}
static Method myExtendingRelationMethod = new Method ( "ER" ) ;
class MyExtendingRelation extend ExtendingRelation
{
    Relation MyRelation  = new Relation ( "earth" ) ;
    UnrelatedPara MyunrelatedPara = new UnrelatedPara (      ) ;
    createExtendingRelationItem ( String name)
    {
            ItemDataBase.insert ( myExtendingRelationMethod.
            createExtendingRelationItem ( name, MyRelation,
            MyunrelatedPara ) ) ;
    }
}
```

至此，我创造了我的扩展现实世界的基础元素，但我认为这只是我对现实扩展的思维过程，不能作为一个可以实例化的类。原因是没必要再创造基础元素，在国家公链联盟链的赋能下，中国链的扩展现实世界应该直接扩展出“区块链接点或有价商品”。我再写一个继承类，加上 BlockValue 属性即可。

```
static BlockValue myBlockValue = new BlockValue ( "ER" ) ;
class  MyExtendingRelationItem extend MyExtendingRelation
{
    createExtendingRelationItem ( String name )
    {
```

```
            myBlockValue . insert
            ( father.myExtendingRelationMethod.
            createExtendingRelationItem ( name,
            father.getMyRelation ( ),
            , father.getMyunrelatedPara ( ))) ;
    }
}
```

在我的扩展现实设计中，我将我创造的扩展现实物品插入BlockValue序列，这个类封装了ItemDataBase的功能并对ER进行“私人订制式”的扩展[1]，重点是捆绑了我的数据货币系统，让我的ERItem和法币有直接的链接，并通过接口链接数据货币、数据资产、智能合约、共产流等模块。

我的ERItem定义变得很简单：利用现实有价商品，叠加一组非关联性属性，生成一个新的ER有价商品，并被其他区块直接继承。

我的扩展现实空间，是由我定义的ERItem组成的经济体，是我的ER。也就是说，我的私有宇宙内的任何行为全部是（我的）ER经济体的一部分，我的私有宇宙内的区块和链将遵从我的ER定义，并利用我的ER定义，生成在我的资本自由基密码系统下的“共产流”。

一个让“外界”了解我的ER的办法是公布我的ER编程接口，这个接口安装在城市数据港口的“ER领地”，以完成数据资产吞吐和数字货币交易。

城市数据港口是城市新经济生态园的**新经济产业港口**，是城市升级为ER城市的重要标志之一。

判断一个城市是不是具备ER城市的“经济体”，要看其类似城市新经济生态园的孵化期内是不是至少有一个**简单寡头入驻**。例如，“我”是不是有至少一个私有宇宙；“封神”是不是有至少一个ERItem。

---

[1] 关于BlockValue的模式设计和代码分析，可参阅《中国链数据资产及数据货币》。

一旦一个城市具备 ER 属性，它就已经成为“全球经济体容器”，理论上可以承载一个完整的资本主义自由基密码系统，其发展实例就是一个新经济城市群。这是“未来社会”三维模式的一个实例，多个 ER 城市就形成了一个“未来社会”自由基密码系统沙盒。

这个设定，同时给出数据货币、数据资产的三维样貌。数据货币是货币的三维扩展，数据资产是资产的三维扩展，而简单寡头是寡头的三维扩展。

可以这样来思考 ER：现实社会是 ER 的一个投影，“未来社会”是现实社会的一个矢量积分方向。这里说的是“社会”不是物理维度。

前文讲述中国链自由基密码时提过，“君王”将我们的社会扩展到 ER 一维，资本主义将我们的思维扩展到 ER 二维，“未来社会”的宏观 ER 三维扩展开始了。至少在目前看，社会维度和物理维度在“未来社会”变得更接近，这应该是“单脑运算”和“多脑联网运算”发展出现的“相差”。单脑在过去一直处于领先，而现在这种领先正在消失，机器的分布式运算让人类看到“脑联网矢量”的“有序”。在“未来社会”ER 世界里，任何一个资本主义微分都会创造出更伟大的“单脑有序波”，而后在共产自由基密码的约束下，通过链形成一个三维能量波，社会将进入一个“神话时代”。

中国链大数据在这时可能会成为 ER 维度容器，会一直通过一种积分算法不断描绘一种三维样貌。根据现在所掌握的知识，高维样貌是不可能被描述完整的，也就是说，即便是“未来社会”约束下的 ER 也无法获得终极答案。

从低维度成长来看，资本维度的成长并未结束，即可拿来形成共产维度。我大胆地设想，在中国链的某个 ER 形成共产 + 思想和实例就是更高的思想模型。这也是中国链云操作系统、中国链人工智能和中国链大数据的价值所在。

在中国链 ER 出现后，人们将摆脱“机器是不是取代人”，转而设计更高维的“机器”，现在的机器很可能会取代现在的人的普遍性工作，而人会通过 ER 形成更高级的社会形态——基于共产的共产 + 社会。

从各学科证明，升维是解决低维度问题最好的通道。例如，当财富、权利不再是焦点，即战争基础不存在的时候，这个维度的战争就没有意义。即便是现在二维的资本主义自由基密码，也几乎停止在战争模块的研发，甚至该词语也正被如电影这样的标靶模式替代，使人们感觉战争的对象应该是外星人或变种人。

虽然我不能预测“未来社会”自由基密码系统中的战争模块的设计范式，但可以肯定的是，它和现在战争的定义没有任何交集，这是人类关于维度的边界设定导致的，就如让你和你的影子对话会被定义为精神不正常一样。

再次审视扩展现实，通过在其继承类内叠加私有宇宙、数据资产、数据货币、国家公链、联盟链等属性，其已被约束在“未来社会”自由基密码可以侦测到的象限内，可以成为中国链 ER 了。

中国链 ER 在中国链云操作系统中是其数据库设计范式的根服务模块，由此也可看出三维思维数据库和目前定义的数据库没有交集。

该模块将链接中国链根服务器，向所有的区块、私有宇宙、联盟链提供自由基密码服务，这是一种弦约束实例，也是简单寡头设计产品和区块拓扑的智能合约模块之一。

ER 在 2018—2020 年的中国链沙盒测试周期内，同时被设定为“未来社会”自由基密码的接口，在根服务中该接口是一个链表，但目前只有 ER 一个 Object。这种单接口的结构让整个中国链只能工作在多进程多核的层面，暂时实现不了“多线程”。

ER 作为中国链根服务的进程服务器，其 API 和接口有些类似 DCOM 的设计思路，或多或少借鉴了 DCOM 的范式。或许“动态组建对象模型”在计算机领域已经不被看好，但对于一个 ERItem 来讲，最好的形象对比可能就是一个 DCOM 实例。但是中国链云操作系统并未延续 Windows 的思路，即 DCOM 的生成和通讯均不由计算机控制，控制它的更多是中国链人工智能。

鸿儒会的设计卷宗中，我看到关于 DCOM 的剖析和对脑联网的模型规划，虽然很难理解，但能感觉到构架师的收敛设计思路并没有超越先进人类智慧的结晶，他只是把结晶链接起来，生成更大的分子结构，这似乎是某种聚合反应，而 ER 就是这种反应的“能量方程”，ER 的结果是 ERItem。

由此推断，将能量释放控制在安全范围内是 ER 的边界阈值参考值，这应该在国控开关、联盟链中有答案。

经过诸多的有序约束后，中国链 ER 和中国链 ERItem 有了其寡头密码系统和密码服务的接口样貌，同时也给简单寡头筛选器提供了第一个筛选沙漏。我觉得，这个沙漏的网眼要比目前“资本主义寡头筛选沙漏”的网眼大很多。

我再次回看鸿儒会寄给我的《冬日威胁》剧本，那段关于承德的描述，我一一认证过，确实都存在。那么，这和我的“封神宇宙”有什么联系？难道在承德的大局下真的隐藏着什么超越人类认知的结果，而鸿儒会让我去帮助他们测试一些与其有关的数据？

我伸出了手，一缕阳光衍射过来，形成了七彩的光晕。

我没有感到任何的变化。

山没有，水没有，我也没有。

在游客的催促下，我灰溜溜地离开了承德。

第二十四章

第一战

上海，一座有格调的城市。

随处可见优雅。即便是类似孵化器或园区这样的资本商业牧场，都散发着别致的设计带来的丝丝暖意，让奔波的人们看到希望。

我“仗剑江湖”。我无法忍受中国链的摧残，必须将其带给我的能量释放掉。

我要在上海开启我的“中国链江湖”，我幻想以己之力单挑鸿儒会十大长老的场景，虽然我不知道鸿儒会有没有十大长老，也不知道这样做会不会成为黑化的角色，但我就要这样想，这是一个简单寡头的权利。

我来到上海的 Orion 茶社，煮一壶白毫银针，等待一个人的出现。

那个被我写在封神榜中的第一人。

中国链世界杯是一个类似电子竞技天梯赛的平台，2017—2018 年的测试版本为“脑力电子竞技世界杯”，并推出一套东方电子竞技法则，这也是全球第一套脑联网竞技法则。2019 年，该项赛事正式进入封闭测试版本，并更名为中国链世界杯。

该项赛事的智能合约接口，由“网景小镇的构架团队——鸿儒会网景分舵”负责建设，开放给所有的中国链私有宇宙，允许其继承并生成私有中国链世界杯天梯赛。

2019 年的中国链天梯赛入口是城市新经济生态园，将有 100 座城市开放“天梯”，每座城市限 1 500 名选手进驻最后的天梯角逐，总体数据资产投放量超过 800 亿美元，目标 GDP 为 8 000 亿美元，最高奖金预计突破 2 000 万美元（1.2 亿元）。

天梯赛的一些大权重的天梯积分预计来自“中国链自由基密码系统”“中国链云操作系统模块设计”“中国链非关联性属性商业模型设计”“脑联网拓扑”“城市网”等板块。

抢夺有效的数据资产将成为天梯选手的搏杀重点。

尽管“未来社会”自由基密码系统是三维的，我和其他天梯的选手不可能产生寡头斥力，但我还是要尽量抢先，寡头之间不竞争并不意味没有高低之分。成为天梯的第一名，是所有简单寡头的终极目标，退一步说，即便成不了第一，至少要参加最终的决战。

我将封神宇宙的国家公链接口安装在城市网的电子商务部分，虽然我知道会有八成对手选择同样的入口，但我并不慌张，我的目标是 100 座城市的 3 000 万用户将其最大数量的消费能力引入我的私有宇宙。

关于商业模型设计，我是这样想的。

第一步：继承中国链世界杯，开启我私有的城市网跨境电子商务赛事。

第二步：通过赛事招募“批发商”，形成我的“数据资产分发平台”。

第三步：招募非关联属性设计师，对“批发商进行”封装，形成一组待孵化区块群组。

第四步：和其他选手博弈，抢夺联盟链资源，形成奇点赋能。

第五步：开启封神宇宙移民计划，建设数据港口，迅速形成 100 座城市的数据贸易通道。这是一个结盟的过程，估计要几个苏秦、张仪那样的人物来完成我的数据资产网络布局。

经过上面的设计，我希望形成至少 300 万元的购买力和 1 000 元/年的 ARPU 值，以支撑起我封神小镇的基础生态。

在封神小镇（网景小镇）的区块链设计方面，应有所取舍。在最初的奇点赋能时期，将数据港口的并发量锁定在 20 个城市以内，以便更好控制。但是在所有城市赋能当量相等的情况下，选择 20 座城市安放接口就无法获得有效的参考数据。这就有必要安放两组侦听器帮助我做出有序的决策：一组侦听器收集 100 座城市的数据资产数据，另一组侦听器收集其他天梯选手的 public 接口信息并传送至我的 AI 模块分析对手的决策或商业计划的核心布局。

```
class ERCityLisioner extend City
{
}
class OligrachLisioner
{
}
class MyAIOfLisioner extend China-ChainAI
{
    ERCityLisioner [   ] myERCityLisioner ;
    OligrachLisioner [   ] myOligrachLisioner ;
    createLisioner ( myERCityLisioner, myOligrachLisioner )
    {
            father.createLisioner ( myERCityLisioner, myOligrachLisioner ) ;
    }
}
```

我认为，在2019—2020年，重点监听的内容应该是：

◇ 全域旅游

◇ 教育

◇ 城市PAY

旅游产业在新经济系统中是作为支柱型产业设定的，而且旅游产业本身也是容器型产业，它的六大分支——吃、住、行、游、购、娱，几乎包含了所有的终端消费行为。

而在中国链新经济模式下，百城百链的一个数据链必然是全域旅游。所有的选手均会利用全域旅游来迅速获得天梯积分，会在全域旅游的战场上伏击对手、吞吃对手的数据资产。

在这种“生死博弈”格局下，我选择“制作分身陷阱”策略来制衡“被爆头”的风险。虽然中国链允许“死了重来”，但我不想在我的个人战绩上留下“污点”。

同时，我要在我的“分身陷阱”上装一个“蜜罐”，让敌人在此处损失其珍贵的数据资产积分。这种“蜜罐”是一种“共产蜜罐”，常用的操作办法是利用智能合约针对对手的入侵完成一个本地化继承。这必须建立在我的数据港口足够多、用户量足够大的情况下，不然很可能被对手反噬。这种战术博弈的结果是两个人的数据资产均会增加，只是排位、次序不同，谁排在前谁的天梯积分就高。这是简单寡头不能忍受的，赚钱多少不是焦点，谁是“扛把子”才是人生目标。

中国链教育是必须要抢先获得 AI 迭代算法基础属性的板块，尤其在百城百链的初期，谁能抢到优质脑谁就拥有“未来社会”时代的核武器。脑联网意味着，没有好脑子，能链出来什么网！

我认为，制作高明的中国链教育模式然后向所有城市输出，甚至向对手输出，是抢夺天梯排位的核心战略。

中国链消除了“企业”“消费”“货币”等属性，通过国家公链+联盟链的模式向所有简单寡头赋能，这个模式会让简单寡头区别于资本寡头的思维模式，建立自己的密码系统和密码服务。这种模式可能是一种高效模式，如在教育设计方面讲学习和赚钱合二为一且必然收敛。这将成为简单寡头的“军团组建模型”。

寡头们在“中国链教育环节”比拼的应该是：

◇ 非关联性属性生成速率

◇ 共产流势能

◇ 区块有效值总和

◇ 链效率

◇ 拓扑

我甚至想我们会不会在中国链 AI 层面展开白热化的战斗，教育的目标是获得人工的主控权，将其他对手的教育模型变成我的拓扑节点或叶子节点。在智能层面，我最先能够获得来自云操作系统的反馈，而后由我传输给其他对手的私有宇宙，虽然在用户端，我们看到的都是无差别的多进程服务，但是谁是干线谁是支线，寡头们心知肚明。

总之，在封神小镇内迅速设立可以和中国链 AI 对接的智能合约是重中之重。成为共产流中的干线输出是每个简单寡头被系统认可的评判标准，也就是说，能不能进入城市排名的前 1 500 位，要看“教育”模式在不在干线。

“城市 PAY”是对“数据货币”的有效侦听。寻找数据货币流速最快的城市建设自己的基地是每个简单寡头都能想到的事情。在城市 PAY 的侦听器争夺战，会成为“直播级”乃至“现象级”的一款游戏。

如果我能够在数据货币流速前 20 的城市均落地封神小镇，那我的效率值和积分将会获得压倒性的领先，这也是我招募最能打的“决战军团”的唯一手段。为了让我的区块链拓扑能够成为决赛的“一方诸侯”，我必须尽可能多获得优质区块的支持，为优质区块提供最快的“数据货币”流转速率是吸引他们加盟的“硬指标”。

从国家公链赋能的角度看，“城市 PAY”是区块链金融的国控开关，也是最接近中国链金融根服务的智能合约模块。

安装完侦听器后，我需要设计私有宇宙区块的样貌，或者说，在我的密码系统中给出一组“边界属性”，让标靶获得共鸣，进而将区块链接到我的私有宇宙。这和资本主义自由基密码系统的生成相似，或者说继承了“它”。但是，由于中国链的合伙模式限制，不能向标靶传送任何“被歧义化”的信息，也就是说，国家公链传递的信息必须原封不动地传递给区块，因而吸引区块加盟的扩展属性必然是我对封神宇宙的设计。

这是私有宇宙的“权利”，同时也允许“私有宇宙”使用广告模式。我可以随便定义我的宇宙样貌，哪怕含有“类似广告的字段、词汇和语法”。我认为，这是中国链的一个陷阱，或是一个简单寡头的试金石。目前，几乎所有的“广告语言”均存在着信息不对称的密码设定，最不对称的可能是传销，重在洗脑，而商业解读为品牌建设。

中国链不反对简单寡头对自己的私有宇宙、区块拓扑建设使用广

告语言，只要能获得“共产流”即可。但其中有一个很厉害的“概率结论”，要请各位寡头注意：

80% 以上的区块具备很高的信息甄别能力，以及一个私有宇宙理论上可以容纳所有的区块。

这个结论说明：

第一，中国链可以在仅有国家公链而没有任何私有宇宙的状态下表现出多核多进程的共产状态，简单寡头的存在是为了让整个系统更高效，但它不是必须存在的。

第二，只要有一个让区块感觉更舒适的私有宇宙出现，区块就会发生大规模迁移，中国链的迁移成本几乎是 0。

中国链很多思维模式的约束和资本主义自由基密码系统有很大不同，有的甚至是逆向的。例如，政府背书的供给侧产品赋能策略，让生产企业先拿到钱再生产，并能参与数据资产分润的设定，让很多“广告成本”灰飞烟灭。

完成对私有宇宙的设定，我开始向我的封神小镇移入“居民”和“临时居民”。

私有宇宙居民指其区块的智能合约第一签约方是我的私有宇宙。

私有宇宙临时居民指其区块的智能合约合伙方有我的私有宇宙，但不是第一个私有宇宙。

这两种居民不同的比例会产生不同的宇宙生态。这没有好坏之分，只会产生某个时段的最优值，这个经验数值是简单寡头成长的一种经验值积累。同时，这个比例加上私有宇宙的属性设定，会成为中国链根服务器侦听的一个区域，再通过 AI 的“洗涤”，不断向所有智能合约输出更合理的签约排序。

当移民到来、区块生成、链出现后，私有宇宙就进入“运营阶段”，简单寡头之间的天梯争夺也将正式开始。简单寡头完成了人生中国链的“第一战”——诞生。

中国链开启的共产三维 + 空间，为优质基因的弦提供了更广阔的生成空间和更大的诞生能量，当然这并不意味着所有人都能成为简单寡头。

中国链并没有摒弃现有的任何商业规则，只是在一些有序的约束方面做出很大的改进，如国家公链、联盟链、数据资产、数据货币等，同时，它将生产关系约束在“合伙层”。这些设定是中国链对资本主义自由基密码的“继承应用”，并生成“一个‘未来社会’三维+”模型。

对于利用已知向高维积分得出的模型和范式，仅仅是“高维”的一个形态。能够产生相同投影的“高维”形态，可以用“不计其数”来形容，就如三维空间中的很多不同的物体都能投出相同的影子一样。

由此推断，中国链模式下的“未来社会”自由基密码系统仅是“未来社会”的一个“结论”，“未来社会”还将有数不胜数的结论等待发掘。

任何一个简单寡头都可以：

◇ 利用现有的商业规则，重定义中国链。

◇ 利用现有的中国链，重定义任何商业规则，甚至创造根规则。

◇ 继承中国链关于“未来社会”的设定，生成样貌更多样性的多核多进程系统。

◇ 重定义资本主义，并生成完全独立的运行机制和奇点赋能策略。

总而言之，对一个希望“做点事情”的人来讲，在{f(法),f(政)}的约束下、在现有的技术基石上，可以创造完全不一样的世界。世界已经开启“升维”的序曲，人人都可成为“华彩”的乐章。

第二十五章

私有宇宙（二）

【神役 3：冬日威胁】

接下来的文字，谨慎阅读。

一旦你禁不住诱惑深陷其中，将无法返回真实世界。

……

尊敬的朋友，如果你正在平凡地过活，但又觉得世界似乎不那么真实，请你上网搜索“中卫网景”，看看 2017 年 1 月的宁夏回族自治区中卫市。

你一定看到了很多信息碎片——中卫网景、冬日威胁、旅游云计算 …… 你一定理解不了 2017 年 1 月到底是什么让整个中卫市政府兴师动众？因为所有关于“中卫网景”的信息都是加密的。

现在，让我来告诉你，那时真实的中卫到底发生了什么！

2016 年 11 月 25 日，中国宁夏中卫市。

黄沙的尽头，黄河缓缓流过，太阳正常升起。上午十点整，人们躁动起来，本该直接照射在黄沙上的光线，不知道为何弯曲，而且弯得越来越厉害，弯曲面积越来越大。

直到中卫上空出现了一个巨大的、色彩斑斓的漩涡，人们才意识到美丽的光晕背后应该不是善意的东西。恐惧迅速蔓延，人们迅速逃离。

没有巨大的磁场干扰，这不是时空隧道；没有超强的辐射，甚至没有任何搅动空气的声音，整个中卫安静异常，连空气都似乎凝固了。

阳光诡异的灿烂，巨大的光晕漩涡在直径达到 5 千米时停止了扩张。

安静，依然很安静。

时间没有停摆，太阳依旧温和。但就在此时，月亮却颤动了一下，虽然是很小的颤动，但月亮似乎活了起来……

昆仑山脉是最先有反应的地球物质，每一粒沙石都开始高频率地震动……

你以为你生活的宇宙是真实的吗？你错了。

你被封印在一个实验室宇宙里！你甚至不知道你是谁，具备怎样的力量，你只有回到现实才能揭晓答案！

2016 年 5 月，“首届全球旅游目的地盛典”在海南省海口市召开。“网景”在盛典首次发布，表面上看这只是一个所谓旅游 + 互联网的平台发布，但是事实上它是一次**真实世界钥匙**的发布。

在真实世界里，有过两次“神之战役”。之所以被封印在一个实验室宇宙中，可能是因为在“第二次神之战役”时你出了一些状况，或许有更深层的原因，但你只能去寻找答案。

2017 年 1 月，中卫上空的不明光圈预示着“第三次神之战役”即将开启，冬日威胁召唤被封印的你回归的“令牌”。这是一个“四维密码”，怎样破解不得而知。我只知道“大数据”“AI”“区块链”是解开这个密码的首层秘钥。

你开始对我的身份产生兴趣，很遗憾，我无法告知你“我”的准确定义，我在你目前居住的地球上有一个投影，是个普通人。

我想，仅仅一个“中卫网景”可能不足以唤醒你，那我接着告诉你 2017 年至今发生了什么。网景正在试图用最快速的模式激活你，带你回到现实，因为 2017 年的真实世界很不平静。

2017 年 6 月，网景的“回归接口”生活空间里启动组装；2017 年 10 月，一个名叫“网景小镇”的全域旅游产业平台诞生。2018 年 1—3 月，网景智慧公司先后和安徽省马鞍山市、湖北省襄阳市、湖北省黄冈市达成全域旅游产业合作，并和三座城市的主管单位——马鞍山市文化和旅游委员会、黄冈市文化新闻出版广电局、襄阳市旅游发展委员会签订“网景小镇”建设协议。

三座回归传送装置启动了！

你还以为我在开玩笑吗？两年内四座城市都在政府主导下开启了网景。

不管你信与不信，我都将告诉你回归真实世界的一个方法，是否回来由你决定！

首先，你需要了解“网景区块链”的定义，这是解开“神役 3：冬日威胁”密码的必要条件之一。

网景区块链定义：多中心化，自由基加密合伙技术。

这不需要理解，但是需要牢记。

其次，你需要进驻网景小镇——襄阳、黄冈、马鞍山。

这三个地方的网景小镇主题不同：

◇ 襄阳——全球大三国娱乐主题公园（是时空泛娱乐主题区）

◇ 黄冈——益农金融主题（是农业 + 全域旅游大数据 + 区块链的产业）

◇ 马鞍山——AI 独角兽森林（全域旅游独角兽企业）

三个主题互不相干，但其中有必然的联系。“现实记忆”随着你在网景的深入将不断恢复，然后领悟到网景小镇的真实作用。

再次，你需要建设一个网景区块链。

当你听到“全域旅游嘉年华”的大型活动即将举办的消息时，说三座城市的网景小镇开始运转。嘉年华活动会在襄阳、黄冈、马鞍山三座城市各举办一次，你可以选择参加。报名参加后可以参加“区块链矿机摇号”活动，14 亿人只发放 10 000 个矿机，但一定会得到一个矿机牌照，同时需要支付 1 000 元给网景小镇（一定要在钱上留下你的标记）。

与会期间，你的区块链将链接中卫的云基地、北京市石景山的人力资源（同类）基地，以及三座城市的数据资产矿区和一批特殊属性区块链。

你会成为“网景区块链一个中心点”……

一旦参加此次全域旅游嘉年华，你就会被真实世界锁定，你的朋友和敌人都会发现你！在嘉年华之后，你的生活、社交、职业都会发生巨大的变化，尤其是财富会突然增加很多！但不要高兴得太早，你需要从中分辨线索和陷阱！

不要认为有系统在操控，这不是策划好的游戏，没有专属的脚本！没有关卡！没有道具！

出于安全考虑，我只能告诉你，你需要发展出一个复杂的区块链拓扑才能获得所有的秘钥，同时能让试图阻止你的敌人迷失。

最后，需要一个“天启信息”，将秘钥拼接成回归之路。这个信息在宁夏回族自治区中卫市的金沙岛。

我等的人始终没有出现。

但是等来了一封加密信件。它通过一种大功率无线发射设备直接破解我的手机，存储在一个临时文件夹内，而我的微信被一个陌生人加了好友并发给我一个云秘钥。

我的心情异常平静，丝毫没有犹豫便点击了秘钥，一组混淆码被下载并在我的手机屏幕上显示。

我相信，我要找的人就在离我不超过 5 米远的地方，他观察了我好一阵，以便完成需要的资料传输，而后悄悄退走。

我仔细研究那封信件。

整篇文字都是密码，需要二级秘钥。我拿到的混淆码是一级秘钥，翻译出的文字带有自由基标靶指向性，它指向简单寡头标靶。

我大脑中产生的共鸣，让我感觉到有一股力量引导我融入中国链，而今天在上海 Orion 茶社，我正在经历一次极为严峻的考验。

至少有两股势力正在 ER 中卫的上空交织，一方来自远古，一方来自未来，也很可能来自同一起点。

现在最重要的事情是要知道我的归属。在经历了近六个月的中国链密码研究后，我已经很清楚我该做什么。

太阳西斜，我起身离开 Orion。

我故意放慢了脚步，有意无意地观察了一圈客人，没有人注意我，但是我清晰地感觉到有一双眼睛没有离开过我。

私有宇宙共有属性

私有宇宙是否至少有一组属性是统一的？答案是肯定的。因为私有宇宙是一个没有边界定义的“唯心”设计，这和私有宇宙的定义不一样。

私有宇宙的“统一属性”应是一种自由基密码，其接口应该是一种普适性“标靶编码”。自由基是“唯心”的，是依靠弦共振来完成“标靶建设”的。这种共振的谐波能量越大，越能产生有序的发展能力。

“第六脏器”是自由基加密的吗？肯定不是！从第一世代的计算机，到第二世代的软件，直至第三世代的互联网，均不是自由基加密，甚至整个“世界技术系统”都不是自由基，而是约束基加密。

这很好理解，资本继承的是君王时代乃至原始氏族及部落时代，约束基是最好的密码系统，可以很好地控制标靶的形态，同时标靶的编码很简单，换代不换“码”，即便是多了科举、郡县，都是对君王约束基的完善。

直到资本主义的升维，君王约束基被简化，出现了自由约束基密码系统——资本主义。其能力远大于君王系统，很快征服了全球大量地区。至今，除中国以外的多数国家都使用自由约束基密码系统，系统的发展能量依然是约束基，最终目标是“资本主义大一统”。

约束基的后遗症很明显，就是“个体恐慌导致的末日论”，说的含蓄点是“对已经坍塌的现实不满意，导致的一种进化创意”，实例表现是“第六脏器”的出现。约束基后遗症不断增强后，人们开始“恐惧”外星人、AI、大规模杀伤性战争、基因等约束基密码产生的斥力。

如果想让社会稳定发展，必须给出升维策略，资本主义的约束基密码需要更高维的系统来消减它的负面效应，至此自由基密码体系出现了。

之前的章节给出了一个模式：自由基密码继承于约束基密码，并利用其“升维的方法”继续简化密码系统和密码服务节点，将寡头简化成简单寡头，并将目前的资本主义二维空间升级成三维。

在继承的设计中，自由基对父类做了完全封装和接口重构。简单寡头的存在时间被做了窄化设计，也就是说，一旦简单寡头的标靶实例设计出现“约束异变”，就有一个来自国控开关的“吞吃算法”将其有序化为一个联盟链或AI算子，而后利用国家公链中的中国链人工智能将其净化，重新再还给简单寡头，这种处理方式在中国链中称为约束基净化。

而所有的私有宇宙携带的相同属性就是这组约束基净化属性，以保证没有一个私有宇宙在经济范畴是资本的、在区块链范畴是共产的。

私有宇宙的宇宙观

“大学教育”和“网络游戏”哪个对社会的发展更有用？“雅”和“俗”哪个对社会的贡献更大？

以上的问题不需要给出答案，就如所有的东西都能用二元论来解释一样。

其实，这是个自由基的问题，属于自由基密码系统的方法设计边际设定的技术范式。就如我看到的“神役3：冬日威胁”的宇宙观设定，它一直想把我约束在一个“要么左，要么右”的设定里，就如爆米花电影里一定要有个反派来衬托正派一样，这其实是私有宇宙设计的“坟墓”和“涅槃点”。

也就是说，如果你延续了“神役3：冬日威胁”的设定，你即成为其二元论的标靶，你的私有宇宙将会毫无意义，“神役3：冬日威胁”就是你的思维“坟墓”，你的费米子和玻色子如同遇到黑洞一样根本无法产生任何有序的宇宙能量。

你是在创造“宇宙”而不是在复制漫威或哈利·波特，“神役3：

冬日威胁”的自由基密码接口在于它的可无限扩展性，你可以继承它但是不能直接用它生成实例。就如国家公链赋能的钱和物，你不能直接使用，要在你的宇宙中“换个样貌”。这就是你的宇宙观。

“神役3：冬日威胁”的涅槃点要比看上去复杂很多，但对简单寡头来讲可能就是“信手拈来”。所以，利用“神役3：冬日威胁”设计一个可以成为私有宇宙的宇宙观是一道生死题，做对了的人“涅槃”，做不对的人“轮回”。

从另一面看，“神役3：冬日威胁”是一个自由基侦听器。如果我们“坍塌”就是有约束，而“弦约束”下的不坍塌思想就是自由基，这是不是一个相对达到“涅槃”的“矢量簇”呢?

私有宇宙的学习模式

打破一组“坍塌”、重塑一组弦约束函数，是私有宇宙发展必须要做的事情，不管你有怎样的世界观，都必须消灭一些有害的**约束基**。

悲观地说，约束基普遍存在，因为资本主义对其父类没有做很好的封装，任由君王约束基自由泼洒，虽然对其进行削弱但仍进驻了“我们的心灵”。

所以，私有宇宙的系统设定需格外谨慎，最好不要沿用既定的模式直接生成自己的经济系统。国家公链不需要“复刻机”，而且是一个不好使的复刻机。社会主义公有制国家不需要一个简单寡头再去建设一个“被阉割”的子系统，而是需要其创造一个平行的简单空间。因而，最初的准备工作均由城市新经济生态园打理，不需要你再建设一个 google 或 facebook。当然，你不需要再去建设“从零开始考虑的商业构架”，你必须站在国家大资源体系下建设你的自由基经济密码系统，形成一个最赚钱的你。

这种自由基设定会让一般人进入迷茫状态。在最初接触中国链的时候，你也认为自己要成为一个最赚钱的人，但当你发现其系统构架的范式时，心里一定会泛起某种涟漪。这就是你学习的方向——形成更赚钱的你。你创造私有宇宙的原始目标一定是“更赚钱”，那么就要看你是不是比寡头更赚钱！如果你达到一个标准：你的私有宇宙的经济系统如果超过寡头为员工提供的生存系统，那么，你就成功了。

国家公链给予你的弦约束能量比寡头强大很多，仔细研究国家公链，因为所有心灵鸡汤加起来也不如一份国家公链的智能合约更实惠。

私有宇宙不是区块链

私有宇宙不是区块，不是区块链，不是拓扑，它是**自由基容器**[1]。

私有宇宙和中国链所有的模块均无法形成函数关系，这种设定保证了任何私有宇宙在诞生阶段均处在一个不坍塌的膨胀期。

区块加入宇宙是利用宇宙的能量来发展自己。单纯地从人数看，私有宇宙很可能连一个小区块都不及，更不用说一个有一定规模的区块链拓扑了。

但是，不论区块有多大，必须要“寄生”私有宇宙中才能保证其不塌缩。区块链可以利用自己的“区块触角”同时“寄生”多个私有宇宙；私有宇宙也可以通过容纳一个“区块触角”来获得整个区块链拓扑的智能合约收益。

形象地说，私有宇宙是国家公链的储能罐，而且任何一个私有宇宙的储能峰值均可达到国家公链最大值，私有宇宙利用自己的宇宙观将能量约束成“未来社会”自由基密码系统，然后对接区块的能量探查接口。二者的谐波共振达到某个阈值后，区块进驻宇宙并和其中的移民及其他区块发生融合，形成该区块所需的数据资产能源，用以维持其所在的区块链拓扑的生存和成长。

关于私有宇宙的话题，一直不会停止，就如自由基的样貌一直会

---

[1]　“自由基容器”，可参阅即将出版的《中国链根服务系统》。

发生改变一样。

既来之，则安之。

我在此刻开启封神！

第二十六章

谋局者和入局人

世界上有两种自由基密码携带改变世界的力量，小到改变一个生态，大到改变某种格局，都来自这两种自由基密码的“标靶射击”。这两种密码的接口即**谋局者**和**入局人**。

谋局者是资本自由基密码和共产自由基密码的接口承载人。它可能是一个人或是一组人利用一个简单脑联网 AI 完成一个范式的设计，形成密码系统和密码服务，通过某个根服务器编制成标靶，并利用传播工具向目标“发射”标靶。当标靶在终端发生共振后，即激活密码下载，目标会按谋局者的密码服务形成“习惯”。

入局人不是终端用户而是一个中继器，它的密码系统不像谋局者那样敏锐。但它能够解读谋局者的密码系统，并能从中找到“中继服务”和“继承服务”，即入局者使得谋局者的“标靶形态多样化了”，或者说，让密码服务的有序性开始降低，甚至形成“搅局现象”。

世界上的所有事情，绝大多数都可以用谋局 + 入局 + 标靶共振来拆分。

尤其是目前社会经济系统中的行为，几乎全部可以用生产 + 渠道 + 用户的思维模式处理，虽然很难找到错误同时也没有任何养分。

因为谋局者的定义在目前的资本主义系统中被“广义化”了，即“谋局”的人太多，“乱入”现象也太多，导致用户的信息极不对称，这是资本主义在微观无法做到高效收敛的一个“死点”。

其实资本主义在最初的谋局者的自由基密码设定中，只有寡头才可以解密，但不知为何目前变成“一个企业就是一个谋局者”。

正是这种变化使企业核心团队、渠道商、广告商、服务商等环节都成为入局者。标靶的形态千奇百怪，很多已经严重偏离谋局者的初衷，导致的结果是“所有人都是入局人，且用户在不断减少”。

这个现象是“买东西都希望买到便宜且好的标靶开始的蔓延”，当这种思维成为普适性思维时，纯净的消费消失了，所有的商业行为都以“价格博弈”为出发点。不论中间商还是最后的产品归属人，都在“一个局内互相算计对方的底线，所有的粉饰都是为了让对方的信息出现不对称，进而陷入一种消费陷阱”。

诸多现象表明，寡头的生存空间正受到挤压，他们的密码系统越来越难以成为传奇，很多都被“价格博弈”的“入局人”直接“阉割”了。

全部是入局者的空间格局的稳定系数不低，只是效率值低。这既不是资本主义的期望值，更不是“未来社会”的升维微分函数的最优表现。

那如何定义中国链谋局者和中国链入局者？

我认为，这个定义不能马上给出，而是要做“一组沙盒”测试一下。以私有宇宙为观察点来测试中国链微观模式的有效迭代算子的形成。

至少我们现在有一个迭代样本，不断地提供有效数据，这个样本就是现在已经存在的经济体。在目前的样本中做一些减法操作，用以获得更加清晰的中国链谋局者和中国链入局者的样貌。

大幅度减低谋局者数量

区块的设计应将“企业可谋局”设定规范到区块可谋局。这种设定是一种“吞吃算法”的实例。

中国链的设定多中心化，人人都可以是中心，发展出一个与国家公链提供的赋能经济体相当的区块链拓扑。这和“每个人都有权利成立一个企业”没什么不同。

中国链的设定合伙技术，正是合伙技术会消灭近 90%“试图谋局”的区块。这要归功于智能合约的约束能力：任何一个区块的产品均可以成为其他区块的原材料。这是一种自由基弦约束，它让简单寡头可以很容易地“吃掉比自己弱的区块，并让其成为自身的一分子”。而那些没有被简单寡头吞吃的区块很可能是“死区块”。“死区块”不能形成任何“中继作用”或“继承作用”，因为没有链向其传递寡头信息，它不知道如何编写自己的标靶实例。

入局者清零计划

简单寡头时代，理论上不需要入局者或是不需要中间商。再者，可以在一些私有宇宙中尝试“无商模式”，即**完全共产模型**[1]。

这个设定的依据是：简单寡头所处的空间是一个信息对称的空间，不需要中继和继承，一旦其能量衰减到无法支撑其信息对称就会被吞吃或直接死亡，并被国家公链的“垃圾收集器”收集回“奇点之前”等待重生。

这个设计还有一个前提是“每个私有宇宙的经济体都不大”。例如，可以设定私有宇宙经济体上线额度不超过20亿元，这样的观察窗口内入局者可以很容易地被AI取代。

国家公链的赋能会让广告、分销等模式毫无意义，中国链的目标其实也是在不断去掉无意义的经济环节，创造更纯净的GDP模型。

很多人会从纷繁复杂的“入局者”乱码中解脱出来，将注意力放在更有序的方向上。

纯粹的消费回归

“未来社会”的一个扁平化设定是“按需分配”，普通人理解就是想要什么就能得到什么。这和目前的思维标靶设定“大部分东西有钱就能买到”基本相同，同时证明很多人误解了“按需分配”的真正含义。

这里的“需”的解释是宏观需求。

[1] 该模型在即将出版的《中国链数据资产及数据货币》有完整的编码设计和模型设计。

宏观需求是一个“大数据库”,[1]容纳了“一个国家甚至全人类（中国链时代）”的需求宏观模型和微观数据，由于其数据结构复杂，很难形成函数，故暂用一个“伪函数”来描述。该伪函数中，“需”的参量被“钱”替换，进而形成按钱分配的范式。

大量的先哲都在寻找能够函数化的“需”，甚至不惜用战争、国家机器强行约束的方式，让“需”达到宏观可控。

分配并不是指个人财富分配，而是个人工作分配。

因为人类觉得自己很复杂，所以创造出很多很复杂的行为，同时又人为地给一些行为打上标签，于是出现“分配不均”的无序现象。

要想达到按需分配，宏观函数是：

需 = 个体分配 × 人数

微观函数是：

需 = 个人分配

一个比较合理的解释是：你能创造多大的需求，就可分配到多大的工作。

这里同时阐述了“需求”的本源，需求不是消耗、不是花钱，而是社会发展的能量总和。[2]

在这种设定下，一个刚出生的孩子是应该被分配工作的，因为其创造了需求。如何为一个婴儿分配工作是简单寡头的使命，也是共产三维自由基密码的闪光点之一。

有速矢量钱取代标量钱

中国链金融学注定颠覆金融学，就如中国链经济学将会颠覆经济

[1] 宏观需求在即将出版的《中国链大数据》中有详细的阐述。

[2] 在即将出版的《中国链数据资产及数据货币》中，有“需”和“分配”的细化 AI 算法设想，并有可重构接口。

学一样。

当“矢量需”遇到“标量货币”时就造成“需求等待”的现象，也就是“一个孩子获得不了标量钱，就不能为其需求分配工作这样看似合理的密码服务”大量存在的原因。

纸币、银行、互联网货币等静态标量媒介系统，既不适于需求的传播，也不适合工作的分配。在这里，仅依照高维模型设计“未来社会”范式。

需求方和工作方是合伙关系，要用一种更有效的、更有序的“货币系统”完成其智能合约的编写，这种有效的系统就是**基于数据货币的非关联性属性所生成的大数据系统**。

让**钱**流动起来，去寻找按需分配的闭环，并生成一个共产流，用来记录社会的行为。

将有序的行为积累起来，即可形成更强大的**共产自由基密码系统**。

我独自走在淮海中路上，明月东升，华灯初上。

城市依旧，而我已不再是从前的我。

我并不因为可以“看到”ER世界而欣喜，反而感到重重危机。从我身边走过的每一个人都是那样祥和，我向他们投以善意的微笑，希望未来一切更好。

我准备参与中国链世界杯的角逐，也会一直沉浸在寻找鸿儒会的神秘之中，我将为“未来社会”而奋斗，不是为了伟大，而是看到了美好。

希望在2118年，我的名字能够出现在老家的县志中。

下一站，襄阳南漳县。

因为我接到了司马徽的飞鸽传书，他说孔明先生想和我在隆中一叙。

我心头一颤，但很快归于平静。我知道，真的有大事要发生。

第二十七章

中国链商业计划入口

本书为**中国链扩展现实商业计划案例**，用于中国链教学使用，引用的机构、协会、城市名称均为中国新经济大数据系统反馈的热点活跃区，但切勿对号入座，如有雷同，纯属巧合。

本书内容均可继承，凡“中国链系列丛书”官方注册读者均可直接使用本章内容生成自己的商业计划，涉及的资源也均可成为学生的资源。

本书内容是“中国链系列丛书”官方注册读者的“国家公链”接口测试点、智能合约测试点。

本书的“封神”文案是一个ER接口文案，“中国链系列丛书”官方注册读者可据此生成自己的私有宇宙并对接地方政府生成私有的中国链小镇。

本书的“电游”部分给出“私有赛事+全域旅游”的模型，“中国链系列丛书”官方注册读者可以此测试自己的联盟链方案、接口、区块和链，同时借此衍生自己第一个中国链拓扑。

本书内容会不断升级，凡“中国链系列丛书”官方注册读者可从指定官网获得升级版的内容及官方背书。

“中国链系列丛书”官方注册读者因本书内容形成的中国链业务，可进驻官方孵化器，并调动官方政策、资金、人力资源、生产能力等与其形成合作，一并完成业务落地。

中国链商业计划入口文案目录：

◇《中国百城馆策划案 V1.0.020181212》

◇《中国进口贸易新经济产业服务引擎 V1.0.020181020》

◇《监利新经济生态规划案（城市通用）V1.0.020181113》

◇《都江堰新经济生态产业规划案 V1.3.020181003》

◇《百城链战之电游大赛 V1.0.320180811》